從叛逆少年到名人本因坊：

林海峰圍棋之路

黃天才◎著

一九六五年，第四期名人戰，林海峰八段挑戰坂田名人。

林海峰為棋迷揮毫。

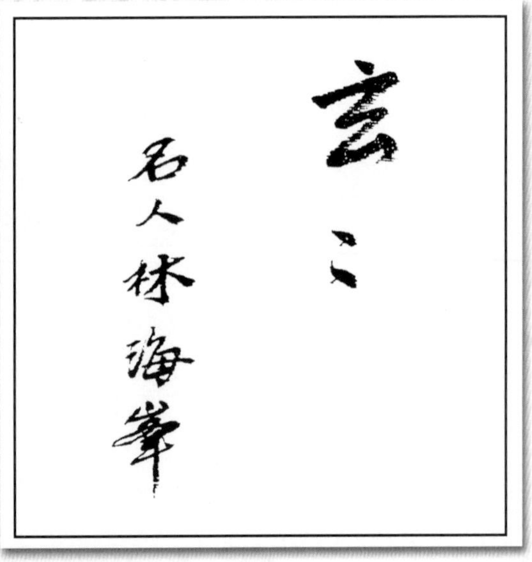

林海峰墨寶。

一九六八年，林海峰和王來弟
在臺北訂婚時留影。

一九七一年，林海峰與石田芳夫在本因坊戰中對奕，作者在賽場採訪。

一九七〇年代，吳清源夫婦、林海峰夫婦，參加棋友酒宴。

一九八四年，第三十九期本因坊就任儀式。

一九八四年，作者參加我國旅日棋士「五代同堂」盛會（左起：王立誠七段、黃孟正六段、吳清源九段、楊嘉源院生、作者、林海峰九段、楊嘉榮院生、鄭銘琦三段、王銘琬六段）。

一九八五年九月，作者在林海峰家中。

林海峰與哥哥海濤留影（右起林海濤、作者、應昌期、林海峰）。

二○○四年兒子敏浩與楊雅婷結婚時，拍攝的全家福（後排左起為二女婿、二女兒浩美、長女芳美）。

二○○五年十月，矽品董事長林文伯（左二）的兒子林依弘（左三）與林海峰（右二）大女兒林芳美（右三）結婚。（聯合報提供）

自序

黃天才

林海峰是絕對夠資格立「傳」的，這不僅是因爲他在圍棋方面成就非凡，曾贏得日本職業棋賽的名人、本因坊、富士通盃、十段、天元、王座等等三十多個冠軍榮銜，在日本棋界創建過多項史無前例的新紀錄；而且，更因爲他早年在成長過程中，奮力抗拒命運之神的播弄，不退縮、不屈服，終於突破層層難關，未被擊倒，爲年輕人勇敢面對人生逆境、奮發圖強必能成功立下了典範。

他在圍棋上的輝煌成就，幾乎是人所共知的，但他早年在重重逆境中搏鬥成長的歷程，卻很少人知道。

在一般人的印象裡，林海峰可說是天之驕子，他從小就享有「圍棋神童」的美譽，得到當年喜好圍棋的軍政界及企業界大老們的破格愛護及栽培，十歲就獲特准出國，去日本學棋，進入日

本棋院，參加日本棋界專業棋士的公開大賽，由於實力超強，升上八段就打敗了日本當時棋力最強、獨霸七項大賽冠軍榮銜的坂田榮男九段，從坂田手中奪下了棋界最高的「名人」榮銜；二十三歲的林海峰八段成爲日本棋界有史以來最年輕的「名人」；隨後，趁勝追擊，年復一年，先後奪下了本因坊、十段、天元、王座等三十多個冠軍榮銜，叱咤風雲，開創了日本棋界所謂的「林海峰時代」……。

單看這份光輝燦爛的履歷單，的確容易讓人認爲他是得天獨厚的天之驕子，可是，很少人知道，這光輝表面的背後，命運之神似乎有意折磨他，給他布下了一層又一層的不幸、悲傷坎坷與挫折。

林海峰四歲喪母、十三歲父親過世，十歲就隻身被送去日本學棋，從此就沒有再回過家。父親去世後，更是無家可歸了。孤獨在國外，長年過著寄人籬下的日子，一度因爲無人管教，他自暴自棄，走上了叛逆之途，盡情放縱自己，不規規矩矩上學，也不肯好好學棋，臺灣的「圍棋神童」在日本棋院作院生時竟遭降級，幾乎把自己在圍棋方面的大好前程都斷送了。幸而他父親的老友及時搶救，善加規勸及開導，並改善生活環境，他才迷途知返，回到正軌上來。

日本棋界以日式摔跤「相撲」的術語「二枚腰」來形容林海峰在棋枰上頑強拚搏、不肯認輸的鬥志與狠勁。其實，在人生道路上，林海峰又何嘗不是靠「二枚腰」的狠勁、不認輸、不退縮，咬牙奮進走過來的。

這本傳記的源起，是二〇〇二年林海峰六十歲的時候，依據日本棋院的獎勵規章，他可以終生享有「名譽天元」的稱號；主辦「天元」圍棋大賽的《日本經濟新聞》爲紀念此一盛事，特地自二〇〇三年七月一日開始，在報上連載林海峰口述成稿的《我的履歷書》長篇，記述他的棋戰生涯，連載了一個月。

聯經出版公司的劉國瑞先生和林載爵先生當時即有意請人將《我的履歷書》譯成中文，在臺灣出版，並邀請我擔任翻譯顧問。可是，當劉、林兩位邀約我一道去和海峰洽談出版事宜的時候，海峰同意出版他的傳記，卻不贊成翻譯《我的履歷書》，他希望另覓專人，直接用中文，以第三人稱方式，撰寫他的傳記。他願意提供資料、協助採訪，並配合撰稿、同意最後審稿。

海峰特別強調，他理想中的這本傳記，不是只供棋界同仁或懂得圍棋的人看的，他希望一般人，尤其是年輕一輩的青少年們，即使不懂圍棋，也想看，也喜歡看；他希望透過這本傳記，讓大家知道他並不是得天獨厚、少年得志的天之驕子，他的一生，從童年到成年，一路走來，並不順利，並不平坦，他在人生道上所遇到的橫逆與挫折，並不比他在棋戰中所遇到的驚險困境少，他是咬著牙硬拚硬挺過來的。

海峰的這些意見，當場獲得聯經劉、林兩位先生的贊同。

至於撰稿人，我們原都以爲海峰心中一定已有屬意人選，不想他竟當場指名要我執筆，我很意外，也曾力辭，但在海峰堅請及聯經兩位先生的力促下，只好勉強同意。

海峰和我算是老朋友了，四十多年前，從他出道到創建「林海峰時代」的二十來年中間，我正在日本當記者，親臨賽場採訪他的重大棋賽不下一兩百局，撰發的新聞稿及觀戰記少說也在百篇以上；因此，撰寫他的棋戰生涯故事並不難，只是，海峰說過，他希望這本傳記能讓懂棋的人看了叫好，更能讓不懂棋的人也喜歡看，還要對青少年們讀後有所啓發，這可眞是超高的標準。如此「多功能」的一本書，要寫得盡善盡美當然很難，海峰伉儷和他哥哥海濤以及好些親朋好友們都曾大力協助我，在撰稿的兩年多中間，我曾專程去日本三趟，進行訪談，大家都希望把這本書寫好。

全書定稿之後，我眞是如釋重負，是否已達海峰所立的標準，我不知道，但我已盡了最大努力。

目次

叛逆少年

獨立生活

問鼎名人

五戰坂田

國際棋戰

名師出高徒

楔子：棋壇的震撼

賽場氛圍異常沉重，而且，靜得出奇。

林海峰抿著嘴，雙眉緊鎖，低頭注視著棋盤。

盤面情勢非常緊迫，戰事已經轉進到中原地區，對手坂田白棋前一天下午在左下角的激戰中吃了虧，傍晚時分，轉進到中原地區發動反攻，引爆了中原大戰。

棋局的最後勝負，勢將決定在中原這一役。

這是二日制①名人挑戰賽第二天賽程的早上，棋證加納嘉德八段已將坂田封手棋②的封套

① 二日制是指兩天賽完的棋賽。日本當今的棋聖、名人、本因坊三大棋賽，奕者每人限時各爲八小時（原

拆開，讓林海峰過目後，坂田隨即在棋盤正中直線右側（11八）的位置，擺下了他的九四手封手子。

這是坂田九〇手啓動中原攻勢後的第三手棋，坂田前一天傍晚長考五十六分鐘才決定的。坂田經過如此長時間考量才出手，必然是厲害的一擊，林海峰不敢掉以輕心。

身著深藍色正裝和服的坂田，在棋枰對面正襟危坐著，看上去似是不動如山，但眉宇間卻似少了他往日端坐棋枰前那份勝券在握的自信。

這也難怪，這局棋是他本年度衛冕大戰七局勝負的第六局，前面五局他輸掉三局，因此，這第六局也可說是他的背水之戰，如果輸了，就是衛冕失敗，將失去名人榮冠。這一局，前一天的

（續）爲十小時，近年縮短爲八小時）。兩天賽完，稱二日制。

② 封手：兩天或兩天以上的棋賽，第一天休息時，最後一手棋，不管是白是黑，不下到棋盤上，而是由奕者秘密寫在紙上，密封，不讓對手得知，交由棋證保管，如此，可避免對手有一整晚功夫考慮如何應付；次日早上開賽前，由棋證拆封，封手者才在棋盤上落子。

戰況不理想，要寄望這最後一擊來翻盤，如此沉重的壓力下，即使是身經百戰的坂田，怕也難於氣定神閒了。

主力戰隨即在棋枰右側中部腹地展開，林海峰決定正面迎戰，以九五手強力阻擋白棋南下突圍。

腹地作戰，區域不廣，全是短兵相接，雙方你來我往，硬拚硬打，戰局幾乎是一手一個變化，也分辨不出誰是攻、誰是守。

在激烈戰況中，儘管入秋的天氣已不炎熱，賽場還開了冷氣，林海峰在開賽後不到一個小時，就脫下西裝上衣鬆掉領帶應戰。

坂田落子比往日慎重，長考連連，香煙一支接一支不斷地抽，由於全神貫注在棋盤上，嘴上往往會啣著一支未點火的香煙。

大砍大殺的拚鬥不會持久，雙方交手十來回合之後，林海峰黑棋一一七手從中原戰區拔出，座落到右上邊的（15二）位置，守穩了右上角的廣大地盤，中原之戰告結束。

棋局在林海峰一一七手後進入終盤，黑棋優勢已相當明顯，坂田再度陷入長考，直到中午用餐休戰時仍在長考中。

午餐後，戰局重啓，林海峰積極收官[③]，進行頗爲順利；每一手棋，用時都不過一兩分鐘，但坂田仍是不斷長考，一直在俟機翻盤。

午餐後的四個小時，幾乎全部是在坂田的長考中過去。起初的一兩個鐘頭，他可能還有俟機翻盤的打算，但逐漸接近尾聲，他終於不得不承認這局棋是輸定了。

本來，勝負乃兵家常事，平時輸掉一盤棋，他不會很在乎，但這一局棋不同，這一敗，他就把棋界最高的名人榮銜輸掉了，而且是輸給一位年僅二十三歲、從未在正式棋賽中得過任何榮銜的後生小子，這簡直讓他難以置信。

但事實終究是事實，不甘願接受也不得不接受了。

他利用終盤長考的時間，自己默默的在作心理調適，他暗自作了決定：身爲一代名人，輸也

---

③ 收官：終盤以官子確定地域大小以分出勝負。

要輸得有尊嚴，絕對要奮戰到底，不能中途認輸投降！

坂田果然力戰到最後，名人戰限時每人十小時，他用掉九小時五十九分鐘；終局時清點盤面，白棋輸十七目，扣除五貼目④後，淨輸十二目；輸得不少，但他避免了名人中途認輸投降的尷尬。

這是昭和四〇年（一九六五年）九月十九日，林海峰擊敗坂田榮男九段，奪得名人榮銜。

---

④ 貼目：持黑子先下有利，所以規定貼目給白棋，貼目多少，各棋賽規定不一，舊制名人賽貼五目。

世代交替的棋手

這局棋，終於確認了大家認爲不可能發生的事竟然就發生在眼前。

二十三歲的年輕棋士林海峰登上了日本圍棋界最高榮銜的「名人」寶座；他打破了日本棋界一向篤信不移的不可能有二十世代名人出現的迷思；他成爲日本自幕府時代創立「名人碁所」四百年來最年輕的「名人」。

公認不可能發生的事雖然發生了，但仍有人不肯輕信，於是有人懷疑他是不是僥倖贏得的？可是，在以實戰勝負決定成敗的圍棋世界裡，林海峰按部就班，依照名人賽規程，參加日本全國三百多位專業棋士都參加的分段淘汰賽，一路打上來，每戰告捷，才打進九位一級強手組成的循環圈作循環賽，全程賽完，他的勝數最高，獲得挑戰權，向在位的名人坂田榮男作七局挑戰大賽，以四勝三敗決定榮冠誰屬。從最初的分段淘汰賽，到最後的挑戰大賽，少說也有幾十盤棋，盤盤都是你死我活的硬仗，要說僥倖，偶爾一兩局或有可能，但幾十盤棋，要想僥倖輸少贏多，是斷無可能的事。

就算他不是僥倖贏得，但仍有人懷疑，年輕人憑一時之勇，奪下名人榮冠，但在當今一年一度挑戰大賽的新制度下⑤，榮冠能否長久保住？

這個懷疑不能馬上解答，有待時間來釋疑。

初生之犢的林海峰，對這些懷疑，並不很在意，名人是棋界的最高榮銜，是所有專業棋士夢寐以求的頂峰寶座，他既然贏得了它，當然會竭盡全力去保住，至於結果如何，那要靠實力，每年接受挑戰是不可避免的。

⑤ 名人與本因坊是日本兩個有歷史背景的頭銜，原爲終生制，現改爲一年一度挑戰。

坂田是當時實力最強者，他獨霸著那一年度「新聞棋」⑥八項大賽中的七項冠軍，號稱「七冠王」，而林海峰這位毛頭小伙子，卻將他「七冠王」中最高的名人榮冠奪走了，他當然不服氣，失冕之夜就公開宣稱「明年一定要拿回來」！

坂田第二年果然捲土重來挑戰，七番勝負的挑戰賽只下了五局，坂田已經四敗，再度敗在林海峰手下。

第三年，坂田再度挑戰，卻又敗給了林海峰。

坂田失去榮銜後連續兩年都能在九人循環賽中奪得挑戰權，可見坂田仍是當時高手中之最強者，卻接連三年敗在林海峰手下，至此，不再有人懷疑林海峰是僥倖贏得「名人」，也不再有人懷疑他能否長久保得住榮冠了。

---

⑥新聞棋：日本當今所有的正式重要棋賽，都是由各新聞媒體分別和日本棋院簽立合約受託主辦，媒體提供資金——包括棋賽獎金及對局費等一應開支——及部分人力，棋院提供技術協助；日本棋院及關西棋院所屬棋士均有參加此類比賽的權利及義務，棋界總稱此類棋賽爲「新聞棋」。「新聞棋」所提供的獎金及對局費現爲專業棋士們的主要收入。

在「新聞棋」賽中一舉奪下第一高位的名人榮銜，林海峰揭開了他漫長而光輝燦爛的棋戰生涯序幕。在隨後的數十年裡，他先後贏得過八屆名人、五屆本因坊、五屆天元及一九九〇年國際大賽富士通盃冠軍等等，共三十五個日本正式棋戰的冠軍榮銜，在日本「新聞棋」賽的八大重要榮冠中，除了《讀賣新聞》後期舉辦的「棋聖」之外，其他七大賽的冠軍他都贏過。此外，他更在日本棋界創下了下列幾項空前紀錄：

一、他是日本圍棋史上四百年來最年輕的名人。

二、他自一九六四年首次打進名人賽循環圈之後，創下三十九年保持在循環圈內的「在籍」紀錄；而且，最初的三十五年是連續不斷的。名人賽循環圈是由當年日本全國三百多位專業棋士作公開比賽而選出戰績最佳的九位一流高手所組成。每年由圈內九人作循環賽，勝數最多者即贏得挑戰權。循環圈每年淘汰勝數最低的三人，另由三位新人遞補。進入循環圈是奪取榮銜的必經之路，是所有專業棋士全力以赴的目標；而海峰能夠在籍三十九年保持他一流棋士的卓越地位，自是一個十分難能可貴的紀錄。

三、他是日本棋界第一位在正式棋戰中對局數達到兩千局的專業棋士；此項紀錄在二〇〇四

年二月間即已達成。

四、他是日本圍棋史上勝局最多的專業棋士，至二〇〇五年七月爲止，他的對局總數已達二、〇五二局，其中勝一、二七四局、負七七五局、和一局、無勝負兩局。

以上是他個人數十年來棋壇征戰方面的豐功偉績，與日本的圍棋發展似無直接關聯；可是，如果深一層觀察，就會發現林海峰所帶給日本圍棋發展的影響是非常巨大深遠的。簡單一點說，他是二十世紀中葉促進日本棋界急速「年輕化」的先鋒，是當時日本棋界「世代交替」的催生者，並進而促進了世界圍棋界——包括日本以外的中國大陸、韓國、臺灣等地的圍棋界的「年輕化」，加速了世界圍棋界「英雄出少年」時代的來臨。

原來，林海峰崛起之初的一九六〇年代日本棋壇，完全是所謂「大正棋士」⑦的天下，當時活躍於第一線或占據著重要榮銜的，如高川格、坂田榮男、藤澤秀行、藤澤朋齋、杉內雅男、山部俊郎等，都是出生於大正年間的棋士。高川曾連續盤踞本因坊寶座九年，稱「九連

---

⑦ 大正棋士：出生於「大正」年間的棋士；大正是明治天皇的兒子，在位十四年（一九一二——一九二六年）。

霸」；坂田獨攬一九六四年「新聞棋」八大棋賽的七個冠軍，稱「七冠王」，當時正是大正棋士最風光的年代。

林海峰卻在這時候（一九六五年）闖進了大正棋士實力群的包圍中，這位出生於民國三十一年（昭和十七年，一九四二年）的年輕小伙子，孤軍奮戰，竟先後將大正時代的高手一一打敗，終結了圍棋「大正時代」的萬丈光芒。

自從林海峰以雷霆萬鈞之勢領頭衝上棋壇第一線之後，棋壇爭奪重要榮銜的正式棋戰中，不再見「大正棋士」活躍的身影，隨著林海峰腳步衝上來的「昭和」精英⑧，取代了「大正棋士」的地位。

其實，「大正棋士」們當時年紀不算大，應該說是正值春秋鼎盛之年，當時棋力正屆巔峰的坂田，不過四十五歲；「大正棋士」最年長的高川格⑨不過五十歲；最資深的九段藤澤朋齋不

⑧ 即指昭和棋士：出生於昭和年間的棋士，昭和是大正的兒子，在位六十三年（自一九二六—一九八八年）。

⑨ 吳清源出生於民國三年（大正三年，一九一四年），原應爲年齡最長的大正棋士高手，但吳在昭和三十六

過四十六歲；其他高手如藤澤秀行、山部俊郎、杉內雅男等，都不過四十歲上下，這般年紀就要「世代交替」，實在有點異常。

世代交替來得如此突然而快速，帶給日本棋界一陣錯愕。探索事態的源起及其發展過程，棋界認爲林海峰這位「圍棋神童」的「早熟」是加速日本棋界「世代交替」的主要動力；因此，「新生代旗手」的榮冠，就加到了林海峰的頭上。

林海峰對此，並不否認。據他自己解說：

由於他的崛起，讓年輕棋士們摒除了在棋賽中面對前輩棋士時的怯場或畏懼心理，激發了年輕棋士們奮力拚搏力爭上游的雄心壯志與信心；大夥兒心理上不再受制於老輩棋界深信的「二十幾歲絕無可能贏獲名人榮銜」之類的迷思，這些平時和林海峰年紀相當，常在一塊打棒球、賽桌球、或下快棋的哥兒們，彼此有輸有贏，難分高下，林海峰既然可以得名人，我們也未嘗不可以力拚一下。於是，兄弟登山，各自努力，大夥兒把自己的潛力使勁發揮出來，遂創就了「英雄出

（續）

年（一九六一年）發生車禍，腦部受傷，棋力大減，不再積極參加棋賽。出生於大正四年的高川，遂成爲最年長的大正棋士。

少年」的圍棋世界。

這帶頭撞開「昭和時代」大門的旗手，爲什麼會是林海峰？在主客觀條件上，他到底有那些異於他人之處？是他的天分過人嗎？或是他的成長環境比別人好？學習環境比別人強？或是他有幸得遇名師、高人，獲得了棋盤上的致勝秘訣？

上列這些有利條件，有的他確曾擁有，有的卻與他終生絕緣；總之，林海峰之成爲林海峰，過程並不簡單，他的人生際遇與棋藝成長歷程，都有其不平凡處，這樣一位不平凡的人物，自然不是平凡環境中所能產生的。

圍棋神童

神童・家世

林海峰二十三歲贏獲日本圍棋「名人」榮冠，他究竟算不算是天分過人的「圍棋神童」？

他自己並不承認。

但是，早年帶他玩棋的「啓蒙」老師——他的大哥林海濤卻毫不猶豫地說：海峰絕對是圍棋神童。

比海峰大十二歲的林海濤說：海峰五歲多的時候，他帶領海峰玩圍棋，在棋盤上擺了二十五顆黑子，教小弟圍著黑子「吃」；海峰懵懵懂懂照著大哥的指導逗著玩，不多久，大哥發覺二十五顆子幾乎全被吃光，經過一滅再滅，很快的，兄弟間就開始讓九子下棋了。

當然，單憑天分是不能成大器的，林海峰之能成為林海峰，還有多方面因素的配合，其中，重要因素之一，是他有一位棋藝不高卻迷棋極深的父親。而且，他這位外交官出身的父親當年竟然捨得將十歲嬌兒隻身送到日本去學棋，終於造就了這樣一位棋壇奇葩。

林海峰成名以後，許多人聽說他父親、哥哥、姊姊都會下棋，總以爲海峰出身圍棋世家或棋迷家庭，其實並非如此。林家的最大棋迷是海峰大哥海濤，其次是父親，他姊姊早年曾由大哥領著下過棋，但很早就因興趣缺缺而放棄了。海峰自己早年並不「迷」棋，也沒有想到長大後要做專業棋士，要不是他父親「慧眼獨具」的堅持，以及當年幾位達官貴人的愛護提攜，海峰這位圍棋天才恐怕早就被埋沒掉了。

海峰的父親林國珪，早年留學日本，原本是唸工科，後來轉入東京帝國大學主修經濟；學成歸國，進入外交界服務；我國對日抗戰以前，臺灣在日本統治之下，國珪曾任中華民國駐臺北副總領事。抗戰爆發，國珪隨領事館下旗返回上海，不久，上海被日本軍占領，國珪攜同家小，隱居家中；國珪在外交界服務多年，頗有積蓄，起初，生活還過得去，但時日一久，加以家中食指浩繁，生活就逐漸困苦了。

林國珪是浙江鎮海人，在鎮海家鄉原有元配江氏，育有子女五人，後在上海再婚，娶洪毓賢，就是海峰的生母，育有三子一女；海濤是洪氏媽媽所生的老大，海峰是林國珪九個子女中最小的。

林海峰生於民國三十一年五月六日⑩，在抗戰期間的上海。

抗戰八年，林國珪帶著一家大小，分住在上海及鎮海兩地，戰時物資缺乏，生活環境不佳，洪氏及幾個孩子都染上了結核病。

⑩ 林海峰在正式紀錄上的生日「五月六日」是陰曆的，中國舊習俗對新生嬰兒的出生日子都是記陰曆的，當時也未注意這一天是陽曆何月何日，後來為了記憶方便，就以「五月六日」為生日，一切正式文書紀錄如身分證或護照等，都是以「五月六日」為生日。近年，海峰家人查閱曆書，才知道海峰出生那一年陰曆「五月六日」，是陽曆六月十九日，但陰曆、陽曆對照的日子每年不同，因此，林海峰每年過生日，就和其他許多中年以上的中國人一樣，有兩個「生日」，在家中，以陰曆五月六日為生日，在外面，就只好固定在陽曆五月六日了。

林國珪有留學日本的教育背景，又做過中國政府的外交官，因此，抗戰期間他攜同家小隱居上海的那幾年，日本占領軍及南京僞政府方面不斷延攬他出任公職，他基於民族大義，一直拒絕出仕，寧願過艱苦日子。

好不容易熬到抗戰勝利，國土重光，臺灣光復，林國珪在外交界的老同事黃朝琴奉派擔任臺北市長，黃市長邀林國珪來臺工作。林國珪在臺灣光復初期——一九四五年十一月間即隻身來臺，任臺北市政府秘書。

林國珪在臺灣工作安定之後，即回上海接眷，於一九四六年三月間，把洪氏母子接到了臺灣。

當時，海峰只四歲。

洪氏攜帶來臺的，除海峰外，還有比海峰大十二歲的長子海濤，以及比海峰大七歲的女兒林芳；洪氏所生的次子海達，比海峰大兩歲，在上海時由舅舅領養去了，留在上海未來臺。

林海濤說：在上海時，母舅洪家沒有男孩子繼承香火，便和國珪夫婦商量，過繼一個男孩給洪家，原來講的是最小的海峰，但舅舅來家接人時，看到四歲不到的海峰又瘦又小，擔心不好養，遂把海達帶走了。當年，幸虧海峰舅舅臨時改變了主意，未把海峰帶走，才讓林家這個「圍棋神童」留了下來。

林國珪把妻兒接到臺灣，生活比在上海時好得多了，尤其物質生活改善了許多。但是，這安逸美好的日子只有半年，林家就遭逢了最大的不幸事：林國珪的洪氏夫人因喉結核病過世。洪氏夫人年紀並不大，過世時還未滿四十歲；可能是戰時偃居上海多年，生活困頓，加以操勞家務，養兒育女，以致健康受損，感染上結核症。結核在當年是嚴重的疾病，特效藥尚未發明，調養不足，是容易致命的。

洪氏夫人過世時，海峰不到五歲，對母親的記憶當然有限，但對母親的懷念卻十分深切；他成名後，每當親友們談起母親的事情，他都說不記得了，但非常奇妙的，他對母親的容貌卻記得十分清晰；他一直認爲這事不可理解，這也許就是所謂母子連心的緣故吧！

林國珪年屆半百，中年時遭逢戰亂，事業沒有了，戰後原打算重整基業，東山再起，竟又遭喪妻之痛，自感命運多舛，難免心灰意懶；但身邊的三個未成年兒女需人照顧，只好打起精神撐下去，空虛的精神生活中，不時找同事、朋友、鄰居下圍棋消遣。

海濤進了剛從原來的臺北一中改制而成的成功高中唸書；林芳進了臺北女師附小；海峰初來臺時未到入學年齡，一年多後，才跟著姊姊進了附小。

海峰在臺北上小學的那段期間，生活很愜意，他依稀記得住家很寬敞，院子裡有噴水池，上學坐私家三輪車（或人力車），在學校裡是很受同學羨慕的。

海濤受父親影響，對圍棋發生了興趣，但父親沒有教他下棋，他是跟當時在臺北市衛生局工作的一位父執王伯伯學的。海濤在圍棋方面天賦也不差，學棋不久，王伯伯已經下不過他；父親看在眼裡，偶然找他下棋；父子對奕從平手下到父親輸多贏少，父親也許是因爲面子關係，不再找海濤下棋，海濤當然也不敢找父親挑戰。

海濤其實是林家的第一號大棋迷，棋癮發作，又不敢找父親或父執輩的鄰居親友對奕，萬般無奈之中，他只好教妹妹、弟弟下棋，爲自己培養對手。

起初，妹妹、弟弟都還願意學，已漸漸入門，但妹妹稍後就嫌下棋太沉悶無聊，不肯學了。

弟弟比妹妹小七歲，但進步比較快，對下棋的興趣也比較高一些，並未中途放棄。

等到海峰可和大哥讓九子下棋的時候，父親才發覺小兒子不同凡響，就不再讓海峰和大哥下棋胡鬧了，馬上接過去由他親自指導。父親的棋並不比海濤高明多少，但由父親來教，海峰會學得認眞一些。

海峰這時剛進女師附小，玩勁很大，放學回家，書包一丟，就跑得無影無蹤，要他坐下來靜靜地下棋，實在不容易。父親心疼失母的幼兒，不忍心責罵，總是連哄帶騙地籠絡他坐下來對奕，海峰漫不經心，隨意落子，心思根本不在棋盤上。

父親只好懸賞鼓勵他，對海峰說：「你能贏我一盤棋，我就給你一塊錢獎金。」這一招果然有效，海峰看在一塊錢獎金的份上，不得不伏在棋盤上用心算計，務求要贏老爸。有時，他爲了要買心愛的玩具或糖果，需要多贏一兩盤棋，甚至會主動要求多下一兩盤。這些棋，他下得都很認眞，盤算又盤算，把他腦子裡的天賦潛能充分發揮了出來。

林國珪在海峰七歲多的時候，辭去了公職，改行和朋友合夥做生意，起初做得不錯，賺了錢，但後來卻因投資漁業失敗，錢賠光了，又因爲人作保，受了連累，家產蕩然，臺北市區住不下去了，全家搬去北投。

林家搬到北投之後，說來也眞湊巧，北投新居的隔壁住著一位喜歡下棋的張姓軍官，這位軍官在鄉間養病，閒來無事，聽說海峰會下棋，常找海峰對奕。起初，軍官的棋力可能比海峰高一點，對局中，海峰頗感到壓力；好勝的海峰不願輸棋，遂絞盡腦汁求勝，兩人勉強可以打成平手，互有勝負。但海峰進步神速，逐漸逐漸地張先生已不是他的對手，輸多贏少，張先生這才發覺遇上了「神童」，不得不要求海峰讓他兩子才能對下。

林家在北投住了不到一年，林國珪在臺中彰化銀行找到工作，全家又搬去了臺中。

海峰在北投這一年，因爲棋逢敵手，磨練機會多了，棋力大進，林海濤多年後回憶：這時候，不到八歲的弟弟，在臺灣已有了三級的棋力，比一般下棋的人強多了。

林家搬到臺中後，海峰進入臺中東區小學唸三年級，這時候，他父親確信小兒子在圍棋方面天分特別高，決心培育他在圍棋上發展，遂鼓勵他繼續下棋。一般人都下不過他，父親就抽空帶著他去向當時的幾位初段棋士討教，如林長宏、林培英、施化吉等，都曾是海峰討教的對象。

林海峰首次嶄露頭角，是一九五一年十一月十一日，他參加臺北《中央日報》主辦的第一次全國圍棋比賽。

當時，他只有九歲，是兩百多位報名參賽者之中年紀最小的。他父親代他報了名，賽前兩天，由父親帶了他從臺中坐火車到臺北參賽。

當天在賽場抽籤捉對廝殺，瘦小的海峰抽到的對手是比他體重和年齡都大三倍的浙江同鄉何甫堂。大家分桌坐定之後，海峰這一桌四周馬上擠滿了看棋的群眾。

海峰毫不怯場，鎮靜沉著的態度令人吃驚。中盤以後，何甫堂敗象已露，焦灼窘急形之於色，終局之後，結果更是震驚全場，海峰大勝，贏了四十六目半。

第二天的《中央日報》上，對「圍棋神童」林海峰有相當生動的描述：

他雖然只有九歲，但在臺灣棋界並不陌生，去年就已嶄露頭角。他學棋完全是受他爸爸影響，加以常有一些圍棋名手去他家玩，更給予他極好的觀摩機會。七歲起，他開始在棋盤上下子玩玩，誰知一玩之下，成就驚人，兩年中，從六級以下一直竄升到四級的程度。昨天，他敘述他的學棋歷程，曾舉了一個例：前年我爸爸讓我四子，於今，我倒要讓爸爸五子了。

他現在臺中東區國小唸三年級，成績還可以，數學最好，唯一令家人苦惱的是：他太聰明，太頑皮了。

他雖然會下棋，但是並不願多下，今年四月到十月，根本就沒有摸過棋盤。談到這裡，他爸爸不由得嘆口氣說：我每週強迫他一定得下一盤，有時還得利用賞金，鼓勵他的興趣。

這一次圍棋公開賽，雖然是由《中央日報》主辦，其實，是結合了政府官方及民間各界力量聯合舉辦的，規模甚大，而且轟動一時，大會評判委員會主任委員是教育部長程天放，開賽之日，到場參觀的各界領導人士數百人，眞是盛況空前，冠蓋雲集，海峰在這次賽會中大出風頭，圍棋神童的名氣不僅在臺灣棋界傳開，並傳進了臺灣高層社會。

隨著「神童」名氣的傳播，慕名或好奇而找他下棋的人越來越多。海峰在九歲到十歲這一年，和國內愛好圍棋的巨公名流們幾乎都交過手，他的名字經常見報，一次，他贏了教育部長程天放，經過報紙上大肆宣揚，名氣愈來愈大。

當時對他愛護備至而且熱心栽培他在圍棋方面發展的，是參謀總長周至柔，周總長曾任圍棋協會理事長，是大棋迷，每次因公出巡經過臺中，只要稍稍有空，他總是吩咐副官：「把那小孩找來下盤棋。」接觸多了，他對海峰越來越欣賞，認為海峰是中國繼吳清源之後的又一位圍棋天才。

海峰的父親當然也有意讓海峰在圍棋方面去發展，甚至想到送海峰去日本學棋，但他有他的顧慮，海峰年紀太小，他不放心讓海峰獨自去日本。同時，他也和其他一些熱心栽培海峰學棋的人士們一樣，不確定海峰的天賦是否高到足堪造就而成大器的程度，如果將來只能成為一個普普通通的職業棋士，那就沒有必要這麼費勁去大加栽培了。

大家都希望能有一位權威專家來「評鑑」一下。

結果，眞好，並沒有讓大家久等，機會就來了。

吳大國手險勝一目

不知道是時機巧合，還是出諸某些有力人士的好心安排，中華民國圍棋協會爲了慶賀吳清源在日本「升降十番棋」中創下全勝紀錄，決定邀請吳清源來臺，授贈「大國手」稱號。

吳清源當然是「評鑑」林海峰的資質及棋力的最適當人選。

當時，三十八歲的吳清源在與日本棋界高手分別舉行的「升降十番棋」大賽中，大獲全勝，威望如日中天，吳清源對臺灣圍棋協會的邀請欣然接受，並積極安排行程。

一九五二年八月一日，吳清源偕同和子夫人來臺，吳並且特別邀約了好友木谷實的女弟子本田幸子初段同來，和臺灣棋友們觀摩棋藝。

身兼圍棋協會理事長的周至柔總長，是此次邀請及接待吳清源訪臺的主人，周理事長當面洽請吳清源在訪臺期間和「十歲神童」林海峰下一局指導棋，以測驗測驗海峰的棋力。吳清源答應了。

吳清源來訪，已經在全臺灣造成一陣圍棋高潮，於今，大國手對小神童公開棋戰，更是轟動一時的大事了。

棋賽於八月三日舉行，賽場設在當時臺北最寬敞堂皇的中山堂光復廳。

臺灣棋界及林國珪家的親友們都很興奮緊張。十位棋界高手們組成了一個參謀團，決定請吳大國手讓海峰六子對奕，隨即由列位高手向海峰分別講授下六子棋的致勝要訣，海峰似懂非懂地聆聽著，也勉強記下了一些。

棋賽那天的中山堂光復廳可不得了，廳裡廳外擠滿了何止上千人。當然，看得懂「門道」

一九五二年八月，吳清源夫婦（前排右一、右二）訪臺，白崇禧（左一）、周至柔（左二）攜帶林海峰（十歲）到機場歡迎。

的內行不會多，絕大多數人是看「熱鬧」的外行，擠來瞻仰大國手和小神童風采的。

當年光復廳裡沒有冷氣，擠滿了人，在酷熱的八月天，眞是熱得不好受。十歲的林海峰穿了一件條紋短袖香港衫、短褲，理了一個小光頭，顯得特別清秀乖巧，跟在父親、大哥和姊姊的後面，走進了中山堂。他溜動著大眼睛，張望四周的人潮，像一個小大人。

他對吳清源的第一個印象，是深刻而鮮明的。多年後，他述說當年情況：他在六歲開始學棋後不久，就從父親和一些叔叔、伯伯們口中聽到過吳清源的大名；可是直到他有機會和吳先生對坐在棋盤前對奕時爲止，他對吳先生的一切，所知仍是有限，在他的小腦袋裡，只知道吳先生是一位棋力高不可測，縱橫日本棋壇數十年的厲害人物。

那一天，他竟然和這位頂尖人物對面而坐了，他眞有點不敢相信。他不是沒有見過大人物，白崇禧、周至柔、程天放、陳雪屛、束雲章、應昌期等等，聽爸爸說都是了不得的大人物，他和他們都對奕過，從沒有怯場；此時，和吳生先對奕，他也不知道自己爲什麼就像失去了自信心似的，正襟危坐，頭也不敢抬。

他只記得吳先生穿著一件白襯衫，頭上是和他差不多的無髮光頭，肅穆莊嚴，神態飄逸，給他印象最深的是吳先生比他想像的年輕，卻比一般人顯得持重老成。多年後，他回憶說：「那盤棋，吳先生從頭到尾沒有說一句話，他的沉靜、莊嚴，加上那一髮不留的光頭，簡直就像是神一樣，使我不敢正視。」

那天，吳清源讓他六子。按理說，棋盤上六個星位已經占住，海峰應當是可以從從容容派兵進剿對方陣地的，他學棋四年，除了剛開始的那一段時間外，從沒有人讓過他六子。一般得讓六子，就等於贏了八成，只要沉著應對，就不會輸棋。可是，那一天，他自覺慌慌張張的，心裡定不下來。

他事後回想當時戰況，他掌握了主動，

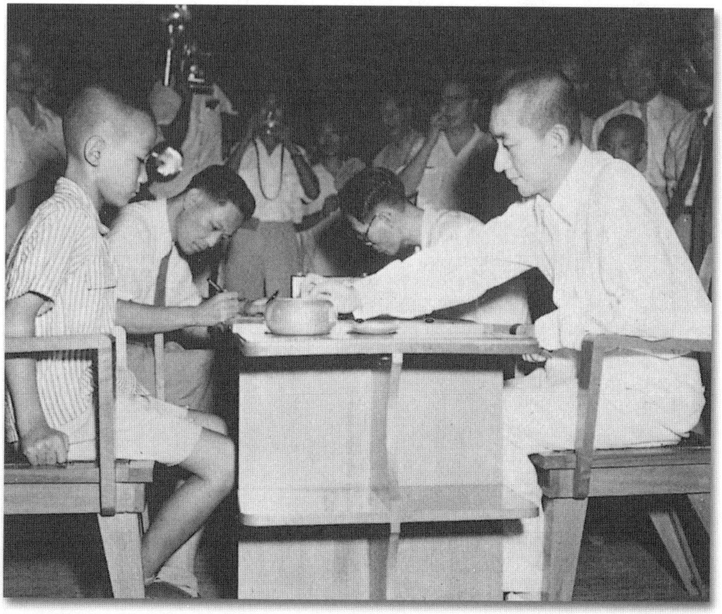

吳清源授六子與林海峰對奕（民國四十一年，臺北中山堂）。

處處在堵塞白子流竄；好幾次，他看準了已把白棋逼得走投無路，但吳先生似乎有用不盡的輕巧手法，轉轉閃閃，一再絕處回生。賽前，國內高手們曾爭著傳授他一些專門「對付」吳清源的手法，只因各人講法不同，他聽得糊裡糊塗，並未完全聽懂，臨場施展出來，全不管用，而吳先生卻是越來越厲害，居然反守爲攻，攻虛擊實，海峰被逼得眼花撩亂。後來，他發覺自己似已身陷重圍，白棋從四面八方逼近，他又著急，又火大，索性一股腦兒把賽前高手們教的那一些高招丟開，恢復以自己的思維來開拓出路，逐漸逐漸局勢好轉，直到收官階段，他還認爲有希望贏棋。

但是吳清源畢竟不同凡響，從讓六子的絕對不利情況下往前追趕，沿途險象環生，最後卻仍能贏一目終局，保住了「不敗的十番棋」的棋王榮譽。

多年後，林海峰成了日本圍棋名人，日本棋界爲了探索林海峰的棋路根源，曾花了不少功夫來「研究」吳、林師徒首次對局的這一盤「六子棋」，結果真有一些前所未見及的新發現：

第一，日本棋界向中國圍棋會索取這局的棋譜，圍棋會檢閱檔案紀錄，卻發現當時只記錄到一五三手爲止，以後林海峰怎麼會輸掉的，卻看不出來。日本棋界認爲這局棋黑子輸得很冤，但最後的關鍵棋譜卻都找不到了。於是，日本棋界稱這局棋爲「七不思議的一目負」。譯成中國話就是「莫明其妙的輸掉一目」（後來，林海峰應日本棋界之請，爲這不完全的棋譜「補上」了十手棋，紀錄上說是林海峰多年後「憑記憶寫出來的」。又過了若干年，圍棋協會竟然在一堆老檔案中發現了這局棋的全譜，圓滿解決這樁懸案）。

第二，林海峰成「名」以後，曾和《讀賣新聞》圍棋專欄作家山田覆面子合著一本書《林海峰的棋》，其中曾提到這局棋，海峰說：「吳老師當年在棋局結束的時候，眞是耍盡了花招來贏我呢！」林海峰曾經很認眞地檢討這局棋，發現自己當年不知道錯過了多少贏棋機會，甚至到最後收官，他還是領先，眞不知道是怎麼輸掉的。

海峰回首當年往事，也認爲自己在這局棋中曾有過若干妙著；他最得意的是一一六手，躍馬直逼中原，眞是豪氣萬丈；好些位專家也承認那是一著絕妙好棋，「11十」這個位置，誰先搶占，誰就控制了中原。十歲幼童，已有了如此不凡身手，讓日本專家們吃驚不小。

再說，那天棋賽結束後，林海峰糊裡糊塗輸了一目，自己覺得很洩氣，抿著小嘴，一言不發。吳清源仍是不動聲色地保持沉默。倒是在旁觀戰的一些專家們圍了上來給海峰打氣：「在吳先生手下，讓六子，走一百多手，輸掉一目，眞可說是雖敗猶榮呢！」

隔了一天，林海峰又被安排和當時跟吳清源一道來臺的日本女棋士本田幸子初段對奕了一局。本田讓他三子，海峰沉著應戰，結果贏了四目。吳清源一直在旁觀戰，最後還做了講評。

海峰贏了本田，情緒好轉，前一天輸棋的沮喪心情一掃而空，也恢復了自信。

這兩盤棋，結果非常令人滿意，吳清源小勝林海峰一目，保住了大國手的威名；林海峰贏了本田，保住了神童的美譽。

這場棋賽後五十年，林海峰在日本棋壇已是功成名就的頂尖高手了，他忽然自爆內幕，揭露了當年他和本田幸子初段對奕之局的一段秘辛。

林海峰在二〇〇三年七月間的《日本經濟新聞》上撰文透露：他當年和本田初段對奕，贏了四目，但他後來發現，那是本田先生⑪故意「放水」讓他的，憑他當年一個未受過專業訓練的十

⑪ 日本社會對於已經入段的專業棋士，不分性別、年齡，一律以「先生」稱之，以示對專業棋士的尊重。本

歲孩子的棋力，絕無可能勝過一位專業棋士，那怕是讓三子對奕，也絕無可能。

他回述當年情形說：那一次，他先和吳老師下六子棋，輸了一目，心裡懊惱萬分，覺得很委屈，很窩囊，讓六子棋，不應該輸的啊，怎麼會輸掉？這一切，本田初段看在眼裡，不忍心讓這好強的孩子蒙受打擊，於是，隔天讓三子對局時，她暗自放鬆腳步，故意輸他幾目，讓孩子情緒舒展一下，恢復自信。

海峰說他當時並未察覺，後來到日本學棋，不久就有此覺悟，他從未向本田先生求證過，但這些年來，他對本田先生一直心存感激。

（續）

田先生當年首次訪臺時，只有二十二歲，棋力不弱，爲日本棋界「本田一門三女傑」的二姊；大姊壽子，現爲八段在役棋士；三妹楠子現爲七段，仍在役；幸子居中，活躍日本棋界數十年，曾兩度贏獲女流本因坊榮銜，現年逾古稀，年前以七段退役。

臺北→京都

圍棋協會理事長周至柔在吳清源親自「考驗」過海峰的資質及棋力之後，迫不及待地問吳：送海峰去日本學棋，有希望學成否？

吳清源的答覆相當保留，卻很具體。吳答說：「就孩子的天分和今天的情況來說，如果送到日本去學棋，做專業棋士，將來升到六、七段是沒有問題的；至於是否有更高成就，那就得看他用功的程度了。」

周至柔隨即表示，希望吳清源收林海峰爲弟子。

吳清源當年縱橫日本棋壇二十多年，威名滿天下，卻沒有收過徒弟。因此，對海峰拜師一事，未作肯定答覆，但留下一句極具鼓勵性的話：

「要送到日本學棋，越快越好。」

就因爲吳清源這句話的鼓勵，更堅定了林國珪送愛子赴日學棋的決心，於是在周至柔將軍等有力人士的協助下，林海峰的出國手續兩個多月就辦好了。

十歲的林海峰，對於隻身離家出國，毫不害怕，也沒有捨不得離家的感覺，反而心裡很高興；但他高興的不是可以去日本學棋，而是高興可以坐飛機了。

海峰從小就對飛機著迷，希望長大後能去開飛機，做飛機師。

海峰和吳清源臺北對奕後兩個多月，一九五二年十月二十九日，海峰就由他父親的好友朱之信帶著到了日本。

朱之信和林國珪是浙江鎭海同鄉，從事紡織業，因商務關係，常去日本，所以林國珪就託請他專程帶著海峰赴日。朱之信的一位堂兄朱潤義，是旅日老華僑，也是林國珪的好友，林已和朱潤義談好，海峰到日本後，請朱潤義代爲照顧管教。

朱潤義家住京都，林海峰就被安排住在京都朱家。

林海峰由朱之信帶到東京，正準備轉往京都的時候，聽說日本棋院爲了歡迎棋院理事長足立

正及前任理事長津島壽一從國外遊歷歸國，將舉行一次盛大棋會，朱之信以機會難得，讓海峰見識見識日本棋壇活動的盛況，遂在東京多留了幾天，參加棋會。

這是林海峰在日本棋界活動中首次露臉。

在棋會上，海峰被安排和野田醬油公司（現在的「龜甲萬醬油公司」）常務董事（後升任社長）茂木房五郎對奕。多年後，海峰憶述當年往事說：他記得對手看來不過是一位愛好圍棋的老伯伯，坐定之後，老伯伯突然吩咐他先擺下兩顆子，竟然主動要讓他二子對奕。海峰立刻想到在臺北時贏了本田幸子初段讓三子棋的得意事，現在這位老伯伯居然自動先讓二子，未免小看了臺北來的「圍棋神童」了。海峰滿肚子的不高興，心想必須給點顏色讓老先生看看。不料，開打之後，海峰吃夠了苦頭，剛恢復不久的自信心又崩潰了。

和業餘高手讓二子對奕竟然還會輸掉，這局棋曾在日本圍棋雜誌《棋道》刊出來過，海峰此時才算領略到日本圍棋水準之高，也讓他警覺到專業棋士本田幸子讓他三子對奕而輸他四目，是本田初段「放水」，故意輸給他的。

此次棋會後不久，仍在十一月間，京都也有一次棋界盛會，那是關西棋界重鎮吉田操子七週年忌辰，在京都本願寺舉行紀念棋會，也給初抵日本的海峰，留下了深刻印象。當天專程來京都參加棋會的，除了吳清源先生外，其他如木谷實、高川格、坂田榮男、梶原武雄等棋界高手都到了；這些都是海峰聞名已久的人物，一旦親眼見到，他不禁自慚渺小，縮得躲在屋角，不敢正視。

受託照顧海峰的朱潤義老先生，在中日戰爭以前就僑居日本，在關西京都一帶經商，生意做得很大。戰爭爆發，朱家的人遷回國內，戰爭結束後，才又從上海、臺灣，輾轉回到日本，經營紡織業，是景況很好的人家。朱潤義

林海峰（右二）初抵日本時與朱潤義夫人（右一）和藤田梧郎夫婦（左一、左二）合影於京都。

戰後從上海經臺灣轉來日本時．曾在臺北林國珪家中住過一個多月，兩人是通家之好的摯友。

朱老先生是一位典型的中國紳士，爲人行事中規中矩，既受摯友之託管教海峰，他對海峰就像對自家子姪一樣管教，盡心盡力；朱夫人張紫樹是一位治家嚴謹的家庭主婦，對乖巧頑皮的海峰，十分鍾愛，無微不至地照顧海峰的生活起居，海峰四歲就失去母親，十歲隻身離家來日本，受到朱夫人的愛心照顧，遂也把朱夫人當作母親看待。海峰長大成名之後，接受新聞記者訪問，談及童年生活時，總是以親切口吻說著：「要是沒有朱家媽媽，我那裡會有今天？」

朱老先生不懂棋，和棋界人士素無往來，一時還眞不知道如何安排海峰學棋的事。後來，經過吳清源的建議，讓海峰暫時在京都住下來，先學日本話，習慣日本生活，然後再去東京設法加入日本棋院。

海峰在京都住下之後，因語言關係，無法進日本學校，只好到大阪中華學校去插班，唸小學五年級。京都到大阪要坐一個多小時的火車，每天來去上學，自是很不方便。

上學問題解決之後，經由吳清源介紹，海峰進到京都專門教棋的一個類似中國私塾的吉田道場去學棋。

吉田道場在日本棋界有相當地位，原是由關西棋界重鎮吉田操子所創辦。吉田去世後，就由她的入門弟子藤田梧郎接棒；藤田是京都本地人，曾在京都大學地質系唸書，因爲迷圍棋，竟然棄學而投身棋壇；接辦吉田道場後，即致力於圍棋推廣教育工作，在關西棋界是極受尊重的一位好好先生。

海峰在京都住了半年，對日本生活也大致習慣了，朱潤義又去找吳清源商量，爲海峰安排正式學棋的去處，經吳清源指點，仍以進入日本棋院東京本院較好，於是，朱潤義決定讓海峰住到東京去。

叛逆少年

初抵東京

朱潤義爲林海峰安排了東京住處——一位浙江同鄉徐永堂的家中。剛滿十歲的林海峰，又得從京都遷往另一個完全陌生的大都市東京，住到一位完全陌生的徐伯伯家裡。

一九五三年五月初，海峰由朱潤義帶到東京，他的學籍也從大阪中華學校轉到東京中華學校。

住處及學校安排妥當之後，即由吳清源和藤田梧郎代爲向日本棋院提出入院申請。

日本棋院是日本棋界的全國性最高組織，是由棋界、政界和工商企業界的有力人士組成的；雖是一個民間社團，在棋界卻握有最高權力，總管全國所有職業棋士，綜攬一切與圍棋有關的事務，組織龐大，制度嚴密。圍棋在日本能夠如此蓬勃發展，職業棋士生活如此安定，都是日本棋院的功勞。林海峰的父親、家人既決意讓他專攻圍棋，進日本棋院是唯一正途。

日本棋院對申請作院生的條件很寬，通常只規定申請人的年齡不能太大，沒有別的限制，只要稍通棋藝就行。

申請入院的人，必須經過一段預備訓練時期，受訓的人稱爲「院生」；院生的等級分爲十八級；棋院派定一些高段棋士指導院生們進修，並經常安排棋賽來測驗院生的棋力進退，進者升級，退者降格。

院生升到二級或一級時，可以參加棋院的入段比賽，成績達到標準，就可以「入段」，成爲正式的初段棋士。入段是一個大難關，能夠過關的人才算是職業棋士。許多人做了多年院生，卻過不了入段這一關，只好放棄改行。

院生入段以後，棋院爲棋士們安排升段比賽；這項比賽，棋界稱之爲「大手合」，棋士的大手合積分達到升段標準時，就可以升段，升到九段爲止⑫。

棋院所屬的棋士及院生都無定額，常因新人加入或舊人段位升上而有變動。院生資格限制很寬，人數增減較大；棋士入段極難，名額比較穩定⑬。

林海峰到東京不久，他的申請獲准，成爲了日本棋院的院生。棋院指定了一名三級院生和他下一盤棋，測驗他的實力。結果他贏了。棋院決定收他爲三級院生。

此後，他必須力拚入段，入段才是專業棋士的開始。

（續）

⑫ 日本棋院於二〇〇三年（平成十五年）四月一日宣布廢止原來的「大手合」升段制度，改以各棋士在公開棋戰中的成績爲升段標準。但在此之前，「大手合」成績是升段的唯一依據。段位分九等，「九段」是職業棋士的最高段位。入段以後的職業棋士，段位有升無降，不像做院生時可以降級。

⑬ 棋士升段完全看棋力及戰績；升段和棋士年紀或年資等均無關係。一般說來，從初段升到九段是一條很艱難困苦的行程，許多人因爲受到天分、體力的限制，升到四段、五段就停頓了下來。有的人勉力苦拚到九段，卻已筋疲力竭，只能等著告老退休了。

五光十色的東京

在京都朱伯伯家住過半年的林海峰，離別京都，遷來東京住進徐伯伯家後，他很快就發現兩處生活環境的差異太大了。

京都是一個古色古香，純樸無華的城市，在市容及生活環境氛圍上，和東京完全不同。林海峰從京都來到東京，就像鄉下孩子進城一樣，突然面對著五光十色的十里洋場，感覺到無比新奇。他原是一個秉性活潑好玩的孩子，好奇心又強，在這新環境中，難免有些眼花撩亂。

他在京都時，住在朱伯伯家，朱家保持著中國傳統的書香人家氣質，家教嚴格，講究規矩，他被管束得不敢越雷池半步。

到東京後，他寄住在徐家。徐永堂經營餐飲業，夫婦兩人早出晚歸，整天都在外面忙碌，家務全交給一個日本下女。徐氏夫婦有四個男孩子，已經夠那下女忙碌了，不會再有太多餘力來照

顧林海峰。

乏人照顧，對獨立性很強的林海峰來說，不但不會感到無奈或無助，反而讓他有一種得其所哉的快感。

他那時是日本棋院院生，棋院並不過問院生的生活，甚至並不嚴格要求院生在棋藝上的進步，院生們在學習上仍以一般學校的課業爲主，棋院導師只在星期六及星期日，一般學校休假的日子，才教他們下棋或評棋。林海峰那時在東京中華學校小學部五年級肄業，每天從徐家所在地的御茶之水坐電車去四谷學校上課，只在週末才到日本棋院去學棋。

他自由活動的空間很大，遂而越來越自由，越來越大膽放蕩，生活秩序大亂，幾乎成了脫韁之馬。

過了一段時間，徐氏夫婦從下女口中得知海峰完全不受管束，任性胡爲。他不肯洗澡、不肯換衣服、不肯帶便當上學，有時甚至通宵不歸，也不知他借宿何處。徐氏夫婦向中華學校打聽他的成績，發現他學業不佳，向棋院探問，發現他成績更壞；他原是以三級院生入院的，在入院後第一次測驗時就被降爲四級了。

十一歲的臺灣「圍棋神童」，竟然是過著近乎流浪兒的日子。

海峰的頑皮放蕩生活，逐漸傳入了棋界人的耳中。

一次，他和幾個玩伴在東京繁盛鬧區赤坂見附的弁慶橋畔划船遊樂，在溪岸邊一不小心，把小舟弄翻了，海峰跌落水中，其實溪水很淺，可以站到水底，但海峰不會游泳，一時慌亂，連喝了幾口水，險些發生意外，經救起上岸，情況甚爲狼狽，幸而一位老棋士村島誼紀家住附近，海峰到村島先生家換衣服後才離開。

經過這次事件後，海峰這位頑皮院生在棋院也算闖出了小小名聲。

有了「名聲」，就難免一些牽強附會的傳說陸續出現。棋界一度傳說海峰放學後不願回家，坐在東京環城火車「山手線」上兜風玩耍，被查票員查獲後通知了學校。多年後，海峰談起這則傳說，很無奈地說是冤枉了他，事實是他那天和一位同學放學後臨時起意到橫濱去玩，不料錯坐了去橫須賀的快車，沿途過站不停，查票員問明原委後，就告訴他換車回東京了，根本沒有坐「山手線」兜風的事。

海峰童年靈巧頑皮，討人歡喜，很有人緣，但有時頑皮過度，就會越軌。當年棋院一些職員喜歡找他下棋消遣，棋院一般員工當然不是他的對手，輸了棋就請他吃飯，海峰也就樂得和他們廝混，玩得很熟。

本來，海峰住在徐家，生活富裕，衣食住行都不用愁，但他卻偏偏喜愛自由獨立生活。有時，爲了賺取一點零錢自由花用，不正當的事也幹。棋院附近泉岳寺水池裡面有一些金魚，海峰一次撈起一尾金魚拿去賣給棋院一位老職員門田。多年之後，海峰成了棋界名人，新聞記者到棋院向老員工們探訪海峰童年軼事，門田向記者們談起海峰用金魚向他換零用錢的往事，記者們向海峰求證，海峰大笑，說道：「虧他還記得！門田桑有沒有說那條金魚只有一隻眼睛？」

林海峰多年後回憶當年在東京這一段「荒唐」生活，自己也覺得「自由得太過分了」。

其實，假如他是日本一個普通人家的孩子，和父母家人同住，每天上學、回家，偶然放學後和同學一起在外邊玩球、嬉戲或玩水，並不算是什麼壞事。海峰當時有一位和他住在鄰近的棋院院生遊伴——比他大兩歲的工藤紀夫（現在也是專業棋士九段，並且是日本棋院的理事長），兩人常在一起遊玩，他們住處所在的御茶之水車站附近，有一些圍棋、桌球、撞球的店舖，明治大學的學生也常在這一帶流連，海峰和工藤常在一道玩桌球、撞球，海峰並在這兒學會了日本將棋（日本的一種棋）。

工藤常和海峰一道玩樂，但始終沒有人把工藤當作「不良少年」看待，關鍵就在工藤或其他遊伴有家可歸，回到家裡有父母或家人管束，而海峰在生活上卻是完全無人管束的「放任」狀態，如此日復一日，他當然也就愈來愈離譜了。

海峰到日本是頂著臺灣「圍棋神童」的光環，背負著父親、家人及許多前輩、長官的熱切期盼，專程到日本進修圍棋的，在此一特殊背景的驅促下，按理說，他在圍棋的進修及表現上，應該比其他日本院生更努力、成績更傑出才對，而海峰在這方面，卻因生活放蕩失節而表現不佳。

他初入棋院之時，棋院派當時的三級院生三王裕孝（現爲九段棋士）和他對奕，他贏了，遂獲准以三級院生入院。棋院並指定杉內雅男、梶原武雄、中川新三位資深七段棋士爲院生導師。海峰受杉內、梶原兩位導師的教導較多；兩位導師都以教學認眞嚴厲聞名，海峰又不用功，常遭責罵；一次，梶原先生讓海峰把自己的一盤棋譜擺出來供講評，結果被先生批評得毫無是處，遭先生怒斥「你回臺灣去吧！」有時，先生一面責罵，一面用手中摺扇敲打院生膝蓋，海峰膝蓋都被打紅了。杉內先生性格比梶原先生沉靜，卻更厲害、更嚴格；杉內討厭學生遲到，一次，海峰遲到了幾分鐘，導師已開始講評，海峰進入講堂，正襟肅立，準備說明遲到理由時，杉內先生不等他開口，就沉聲喝道：「不必講理由，回去吧！」海峰原以爲導師不過口頭罵罵，不會眞要把他趕走的，遂站在原地未動；不料，杉內先生言出必行，果眞把他驅出了講堂。

只是，導師儘管嚴格，海峰仍不肯用功，結果，第一次測驗成績不好，從原來的三級降爲四級，遭到兩位嚴師的好一頓狠罵。

海峰降級被責罵後，他嚇壞了，發奮用功了一陣，馬上見效，棋力大增，在隨後的幾次測驗中，他不但追回到原來的三級，而且晉升到二級。

二級院生就有資格參加「入段測驗」了。海峰參加了一九五三年底的入段賽預選，但一出馬就遭淘汰出局，預選未通過。

海峰依然故我的過著自由放浪的日子，對「入段測驗」預選闖關失敗的事，似乎一點也不在意。

數十年後，海峰談到院生時代這段起起落落的經過時，說了幾句語重心長的內心話：「圍棋這一門，不管老師教得怎麼好，或逼得怎麼嚴，自己如果不求上進，是不會進步的。」

林海峰在東京胡鬧了一年，生活放浪，又不肯認眞學棋，京都的朱潤義得知後很著急，不知如何是好。臺北方面也聽到了風聲，海峰父親林國珪也給朱潤義寫信，拜託老友趕快設法「救救這個孩子」。

朱潤義想不出更好辦法，唯一可行之策是把海峰接回京都再住進朱家，由朱老先生親自管教。海峰父親林國珪也認爲這是最穩妥的辦法；至於海峰回京都後學棋的問題，林國珪建議朱潤義去向吳清源請教。

吳清源認爲海峰既已在日本棋院東京本院入籍作院生，移居京都後，即可移籍到棋院關西總本部，關西方面自然會照應他。

於是朱潤義夫婦於一九五四年七月間專程到東京把海峰接回京都。

海峰在東京一年兩個月自由自在又多采多姿的生活結束了。

這個十一、二歲的孩子，對於周遭生活環境的陡然變遷，已司空見慣，他似已學會隨遇而安，聽任大人的安排。對東京生活的結束，他沒有表示留念，也沒有喜悅，就當有這麼一回事就是了。

倒是多年之後，回述起這段經歷時，他認爲這一段在東京的日子，也不能說是完全虛度，至少讓他把日本話學會了；初來日本之時，日語是一竅不通的，在京都朱家，完全講中國話，但到了東京徐家之後，徐家幾個孩子都是講日語，不知不覺之中就把普通會話學會了；東京一年多，各方面的人都有機會接觸，再沒有發生語言溝通上的困難。這一點意外收穫，也是很可貴的。

重回京都·入段成功

回到京都，朱老先生已擬妥了對海峰的管教計畫：一般教育，朱老先生準備交給學校，他已把海峰的學籍從東京中華學校轉回到大阪中華學校；圍棋，由日本棋院關西總本部指定導師教導，此外，海峰仍不時到「吉田塾」去學棋；至於

林海峰早年在學校掃除教室。

做人處世的道德教育，朱老先生親自負責身教。

圍棋仍是海峰受教及生活的重點，第一目標是入段。

海峰回到京都後不久，收到父親一封來信。

父親直截了當地告誡他：「如果無意認眞學棋，即刻返回臺灣好了。」來信的字裡行間，充滿了一位失望的父親對不爭氣的兒子入段預選都未能通過的嘆息！

這封信帶給海峰很大的刺激，離家將近兩年，他並不想家，他喜歡日本的生活，他害怕被送回臺灣，「即刻返回臺灣好了」這句話，讓他震撼不已。

臺灣的家人、親友、前輩都熱切期望他到日本來大展鴻圖，要是連入段都未能達成，有何面目回臺灣去！他把父親的來信看了又看，感觸越來越深。

海峰下決心認眞學棋之後，果然就像換了一個人似的不再貪玩胡鬧了，每天早上從京都搭乘火車到大阪中華學校上學，放學後或週末就到「吉田塾」學棋、下棋或看棋。棋院京都本部就設

置在「吉田塾」，負責人也是藤田梧郎先生。藤田先生聲望高、人際關係好，專業棋士到京都多喜歡在此處停留或寄宿，眞是學棋看棋的好所在。

同時，由於藤田先生致力於學生圍棋推廣工作的關係，全國學生高手們也常到京都本部來。早稻田大學的村上文祥、專修部的菊池康郎（現爲「綠星圍棋園」代表）等人，是此處常客。海峰常和京都大學的學生們對奕，也曾參與村上及菊池等高手們的奕後檢討研究，十二歲的林海峰在研討會上意氣風發地放言高論，每每讓大學生們爲之心折。

甚至回到朱家住處，海峰仍是不肯放鬆或休息，每天都在獨自擺譜用功。

多年之後，海峰談到童年這期間學棋的情形時，曾以罕見的得意語氣說：「從東京回到京都後的這半年，是我一生最認眞學棋的時期。」

海峰果然是天分過人的「神童」，認眞用功半年，他自己也發覺棋力有了「難以置信的神速進步」。

林海峰從東京回到京都後半年，一九五五年初，設置於大阪的棋院關西總本部舉行院生「入段試驗」。

林海峰志在必得，經過半年的潛心修練，信心滿滿地向「入段」叩關。順利通過預選，他取得了「入段試驗」的正式參賽資格。

入段試驗要下十盤棋，由棋院安排對手，或由應考院生與段位較高的棋士對奕，或由應考院生相互競技。

海峰按照賽程參賽，一盤一盤賽下來，成績不錯，贏的多，輸的少，一步一步向著目標逼近。

逐漸進到後期，情勢已相當明顯，他的勁敵只有一個，就是當時被稱爲「關西圍棋神童」的早瀨弘。

早瀨弘出身於關西圍棋世家，父親早瀨玄堂五段是關西棋界名手之一。早瀨弘比林海峰大五歲，實力與根基要比海峰強得多。最巧的是他們兩人有師兄弟情誼，早瀨弘的授業師瀨川良雄六段（後升至九段），恰是棋院關西總本部指定給林海峰院生的導師。

入段試驗第九局，是這兩位師兄弟對壘。當時，兩個人的成績都是六勝二敗。這一局，事實上就等於是大決賽，因爲關西地區歷來都是每年只有第一名才可入段，因此，這一局決戰，誰贏了，誰就可以入段。

一場拚鬥下來，志在必得的海峰輸掉了。

這該是他學棋以來最大的一次打擊；父親、家人、親友、大家對他「入段」的寄望多麼殷切，他自己也曾發憤努力了半年，自覺棋力大增，本以爲此次應當可以一舉成功，不料卻在最後關頭敗下陣來，眞是傷透了心；他當時心灰意懶，剩下的第十局勝負已經無關重要了，他無心作戰，只準備勉強上場應付應付，是贏是輸都已無關宏旨。

老師瀨川良雄已注意到海峰輸棋後的沮喪表情，當天並未對他說什麼，但在第十局開賽前夕，瀨川老師特地將他叫去，懇切開導了一番，一向嚴格聞名的瀨川老師說：

圍棋生涯中，能不能入段，能不能升段，都是小事情，但下棋必須有始有終，輸了棋不能氣餒。圍棋本身就是一種勝負行業，一個職業棋士，一生中，要遇到數不清次數的勝與敗，輸棋氣餒的人，贏了棋一定驕狂放縱，都是要不得的事。奕棋的心情與態度，絕不能受勝負的影響！

瀨川的這一番話，對海峰如醍醐灌頂，他想想自己是此次參加入段試驗院生中最年幼的，能拚到最後，已經不容易了；雖說入段已是功虧一簣，但總要有始有終，不能中途氣餒！他打起精神全心全力去下第十盤棋，漂漂亮亮地贏了。

全部賽程結束，早瀨弘八勝二敗，位居第一；海峰七勝三敗，第二位。

入段試驗結束，海峰知道入段已經無望，心情當然不會很好，但他不敢表露出來，只是每天悶悶不樂的照常去大阪上學，照常去吉田塾學棋看棋，盡量不去想入段失敗的痛事。

這樣過了大約一個月，突然，瀨川老師通知他，他的入段通過了。

這眞是一個意外的大驚喜！

瀨川老師告訴他，棋院東京本院開審查會的時候，瀨川先生親自趕往參加，極力主張關西地區入段名額放寬，以往硬性限額一名，剝奪了其他棋力合格者的入段權利，並且埋沒人才。瀨川先生強調：此次關西入段試驗，從應試院生棋賽的內容去看，合格入段的絕不止一人，因此，希望不要死守往例陳規，應放寬名額。

在瀨川先生的強力要求下，棋院破例通過關西地區三人入段，除了第一位的早瀨弘、第二位的林海峰之外，第三位的天宅信雄亦獲通過⑭。

---

⑭ 在日本圍棋世界裡，棋士們的專業生涯都是從「入段」起跑出發，但入段後每個人的際遇與成就，卻各自不同。當年和林海峰同年入段的早瀨弘，童年有「關西圍棋神童」之稱，入段測驗的成績比林海峰好，差點就把林海峰壓擠得不能入段。但林海峰入段後一帆風順，十二年間升到最高的九段，並在新聞棋賽中創建輝煌戰績。而早瀨弘入段後升段卻相當不順利，從初段升到九段，費時二十九年，在新聞棋賽中幾乎沒有露過臉。二〇〇三年就退休了。

當年另一位和林海峰同年入段的天宅信雄，比林海峰大八歲，入段後的升段並不順利，費時二十六年才升到七段，二〇〇一年以八段退休。

父親去世．拜吳爲師

林海峰以不滿十三歲的稚齡入段，他是日本棋院設置段位以來最年少入段的「神童」，給日本棋界帶來相當大的震動，京都棋界更是大爲驚喜。

入段消息傳回國內，最高興的當然是海峰的父親林國珪，同時，一向對海峰愛護備至而且栽培不遺餘力的當時臺灣省主席周至柔、行政院秘書長陳雪屏、臺灣銀行副總經理應昌期等，都興奮異常，認爲海峰沒有辜負大家對他的愛護及期望。

那一陣子，海峰收到了國內送來的好多好多禮物。

海峰入段以後，身分不同了，已擁有專業棋士的資格，懂得棋界規矩的人，見了他就得稱他「先生」。

最可貴的，是他有資格參加棋院主辦的升段賽「大手合」了。

盡速升段是他今後的最大目標。

「大手合」是棋院爲棋士們升段而常年進行的棋賽，由棋院爲每名棋士安排對手，按對手段位高低而分別計分，積分達到一定標準就可升段⑮。

林海峰入段後的「大手合」比賽，除了最初兩局失利之外，以後連戰皆捷，最後剩一局，如果他贏了，積分就夠升二段；這時是他入段後半年，如果成功，在日本棋界又是創紀錄的事。因此，海峰很興奮，也很緊張，對手是比他大二十五、六歲的資深棋士岡谷三男三段，棋藝及實戰經驗都比他強，海峰要贏，很不容易，他不敢大意，只有全神備戰。

非常意外的，在這局重要棋賽之前一星期，臺北傳來不幸消息，海峰的大哥打來電報，父親因心臟病突發逝世了！

電報打到京都朱家，朱潤義首先看到，他考慮海峰在這重要時刻得知噩耗，一定會悲痛得六神無主，絕不可能專心下棋，因此，他決定暫時瞞住海峰，等棋賽後再讓他知道。

---

⑮「大手合」入段賽現已廢止，見註⑫。

海峰在全心求勝的高昂鬥志下出戰，贏得了這盤棋，順利升爲二段。

他在入段後六個月，一九五五年十月間，晉升二段；創下日本棋界從入段升二段時間最短的紀錄。

當他贏了岡谷，興高采烈的飛奔回住處，準備快函向父親報喜的時侯，朱潤義知道不能再瞞他了，硬著心腸，把壓積了好幾天的電報交了給他。

晴天霹靂，驚散了他滿腔的歡喜。那天在場看到這幕悲劇的「吉田塾」主持人藤田梧郎憶述當時的情形說：

「海峰接過電報，仔細地看了一遍，像是不敢相信似的，又從頭看了一遍，才弄清楚是怎麼一回事。他沒有哭，但臉上表情非常難看，眼淚似乎要奪眶而出，他勉強忍住了；沒有說話，兩眼發呆。我們都希望他哭出聲來，可是，他沒有。他很小就沒有在別人面前流過眼淚。」

十三歲的海峰，成了寄身異域、孤苦伶仃的孤兒。

此時的林海峰，在漫長的人生道路上，面臨著一個重要關口。四歲喪母，於今又突然失去摯愛的父親，孤苦無依的孩子，此時如果變得驚恐惶惑，或消沉孤僻，甚至吵著要回臺灣依靠大哥、姊姊，誰也不能怪他，誰也無法勸他留他。朱潤義老先生夫婦默默地觀察了兩天，老先生才婉轉地告訴海峰，要他趕快寫信告訴哥哥關於升段的喜訊，並說明無法回臺奔喪的原委。海峰照做了，老先生夫婦這才放下心來，孩子大概已決定繼續留在日本了。

朱潤義在林國珪過世以及林海峰決定繼續留在日本之後，頓時發覺還有一樁大事必須盡速達成，方可不負老友生前的重託：就是讓海峰正式拜在吳清源門下學棋。

在此三年多前——一九五二年八月間，吳清源首次來臺接受「大國手」稱號的時候，圍棋會理事長周至柔就曾當面向吳清源提請收林海峰爲徒，吳清源當時雖曾和海峰下了一盤六子棋，發覺海峰資質不錯，但對於收徒一事，並未肯定答覆，只是含含糊糊地說了「要送去日本學棋，越快越好」這麼一句模稜兩可的話。

吳清源當年在日本棋壇橫掃千軍，稱霸一時，受萬人景仰，但他沒有收過徒弟，不是沒有人要拜他爲師，而是他不願收徒；周至柔推薦海峰，吳礙於情面，不便當場拒絕，只好推託說到了日本再說，沒想到海峰兩個多月後就到了日本，吳當時家住箱根仙石原，距東京市區很遠，吳遂以無法照顧爲由，而讓海峰住到京都朱家。但吳清源畢竟是一個重情義的人，周至柔鄭重向他推薦海峰，他一時不便收徒，但對海峰抵達日本後有關學棋方面的事，他不僅提供了寶貴意見，而且曾一再出手幫忙安排。

朱潤義不懂棋，但他知道吳清源在棋界是一位高高在上的大師，像海峰這樣十來歲的孩子，還在棋院做院生，就要向吳大師學棋，那豈不是像請大學教授教幼稚園兒童一樣的不近情理嗎？因此，朱老先生雖三不五時就會向吳清源提及海峰拜師的事，但卻一直沒有正式講到要帶海峰來拜門。及至海峰入了段，升了二段，加以海峰父親突然去世的刺激，朱潤義想起了老友生前的囑託，更覺事不宜遲，就正式向吳清源提出要帶海峰來登門拜師。

吳清源從一九五二年在臺北受周至柔推薦收海峰爲徒，至此時已有三年時間，海峰近年在棋賽方面的表現，已讓吳清源確認這個孩子「孺子可教」，因此，吳清源向朱潤義表示同意收徒，但不必「登門」，並說他月內將有京都之行，屆時即可就地辦理。

海峰得知吳老師同意收他為徒，十分高興。

海峰在臺北時就聽說到日本後要拜吳清源為師，起初他並沒有特別的感覺，到日本後，他才逐漸發覺吳清源在日本棋界是如此高不可攀的一位大師，根本不容易接近，想想自己曾和吳先生下過一盤六子棋，說來簡直難以讓人相信。

一次他還在棋院做院生的時候，不知道他是眞的為了要去拜見吳清源，或是為了向朋友炫耀他曾和吳老師有過一棋之緣，他特地帶了當時的遊伴——同為院生的工藤紀夫從東京坐火車到箱根仙石原山區去拜見吳清源。那一次，他親見了吳老師持身修行的專注高潔，讓他印象深刻，堅定了他一生正心敬業的信念。多年後，他在為吳清源所著《中的精神》一書作序時，曾詳細記述了這次拜見老師的經過：

「當時恩師深居在箱根仙石原山區，周邊曠無人煙，恰逢隆冬時節，寒氣襲人，特別到了晚上更令人倍感蕭條。師母熱情地把我們安排在他們隔壁的房間住下。

「時近午夜，朦朧中欲去洗手間，經過恩師房間猛然全醒，只見剃著光頭的恩師在籐方凳上正襟危坐，置身於微弱的燈光下，凝固在冰冷空氣中，半閉雙眼，兩手自然垂在兩膝上，恍如一位高僧在打坐，令人敬畏；又儼然是一位學者在思索，神情專注；更像是位嚴師，在默默地注視著弟子學棋。當時，恩師全然沒有察覺我的出現，而赫然映入眼簾的這一幕，卻深深地銘記在我的腦海和心頭。」

林海峰在箱根仙石原見到吳清源深夜修行的情形，加強了他拜師入門的決心；於今得到吳老師的首肯，他內心的高興自是不言而喻。

不久，吳清源因爲賽棋果然來到京都，住在旅館裡。

朱潤義如約帶了海峰去旅館拜謁。

由於這是吳清源生平第一次收徒弟，而且是經過多人推薦懇求才蒙同意的，朱潤義認爲應該慎重辦理，打算到旅館和吳清源面商拜師大典的有關細節。

不想，見面之後，三言兩語就談定了。

最出朱潤義意料之外的，是他向吳清源徵詢有關拜師時日、地點及儀式等問題時，吳清源答說：

「不必麻煩了，我看，時間就是今天吧，地點就在這裡，儀式嘛，鞠躬就可以了。」

朱潤義是極端講究中國傳統禮數的人，不肯以新式鞠躬代替叩頭拜師大禮，一邊請吳清源坐上正座，一邊導引海峰行了跪拜大禮。

這個關係日本昭和時代棋壇風雲遞嬗的名師、高徒結緣大典就這樣在京都一家普通和式旅館客室中，僅只在朱潤義一人的見證及觀禮下完成了。

師徒兩人都是不耐繁文縟節束縛的人，如此拜師大事，兩人卻都不記得是那一天了。

拜師之後，吳清源囑付海峰，以後在正式棋賽中和別人對奕的棋譜，賽後郵寄到箱根仙石原吳老師住處，由吳老師作書面講評後再寄回來給海峰研習檢討。

林海峰本來就最喜歡賽後檢討棋局，尤其是檢討自己的實戰譜，較之檢討別人的戰譜要深入而踏實，最後如能得到吳老師的講評，當然更可貴，海峰對這種「函授」方式的教棋，極感興趣，也有著很高的期待。

此後，海峰每有棋賽，就將棋譜帶回住處，交給朱老先生，由朱老先生專函寄到吳老師住處。經吳老師親筆將講評分項寫出，再寄還給海峰，海峰再擺譜研習。

這種別開生面的「函授」教棋，維持了兩年多，經吳清源親筆批註講評林海峰實戰的棋譜應在一百局以上。據海峰多年後口述：吳老師非常注意每局棋的大勢，對於如何掌握棋局大勢，總是反覆申說；至於某一步棋的或得或失，或薄或厚，在講評中只是稍加指點，不會多費筆墨。

由吳老師「函授」指導的這兩年多中間，海峰住在朱家，生活安定，作息有規律，每天除了上學外，心無旁騖的專注在圍棋上；加以他入段不久，力求上進之心正強，對吳老師講評教誨，心領神會，解悟特深，進步神速。海峰自己也認爲這是他棋藝得以結實扎根並穩健向前推進的一段黃金歲月，隨後在升段賽中一帆風順，在新聞棋賽中屢建奇功，都是這時扎下的基礎。

這兩年多裡所積聚的教材相當多，每一份教材，都是吳清源親筆詳評細解林海峰的實戰棋譜，在圍棋界，這應是萬分珍貴的紀錄及文獻，可惜當時年僅十四、五歲的林海峰不懂得好好保存，後來雖經各方盡力搜尋，卻連一紙原件也找不到了。

林海峰十三歲入段並在同年升爲二段的第二年——一九五六年，曾由中華民國圍棋協會邀請他回臺一遊以示慶祝。

海峰是臺灣出身而在日本獲得專業棋士資格的第一人，小小年紀，前途無量，這是他離國四年後首次回國，國人熱烈歡迎他，爲他慶賀。

海峰回臺後第一件大事，就是由大哥、姊姊帶領，去父親國珪先生墓前拜祭，並由大哥向他講述父親發病及逝世的情形。

父親心臟本來就不好，卻非常喜歡下棋，常因思考過度，情緒也多受刺激，對健康很不利；年事漸高以後，醫生屢次勸阻他下棋，他不肯聽；最後一次發作，是他邀約對手棋友來家對奕而發病，第二天，病情稍稍緩和，醫生嚴禁他再碰棋子，他卻高聲抗議：「看他們下棋也不行嗎？」不料隔天病情突然惡化就去世了，享年六十一歲。

臺灣棋界爲了慶賀海峰順利入段、升段，特別舉辦棋會，由當年曾經指導過海峰下棋的十位高手，輪流和海峰下棋。

最初的兩局，海峰連續敗陣。十三、四歲的孩子，讓二子棋輸了給叔伯輩的業餘棋手，他自己倒覺得無所謂，但父親生前好友袁惕素伯伯卻對他說：

「拜託你認眞一點，下贏他們，給我留點面子。」

海峰也覺得不能再讓對手們自鳴得意，於是認眞下棋，使出眞正實力，果然就連番獲勝，沒有再敗過。終於贏得大家對他刮目相看。

當時，大力資助他到日本學棋的周至柔將軍對他說：以後你每升一段，我們就歡迎你回國一次爲你慶祝。海峰多年後回憶當年的心情說：「當年周將軍的這個約定，對十三、四歲的孩子來說，眞是好大好大的鼓勵。」

林海峰入段以後，在升段賽方面，勢如破竹，眞是一帆風順；起首的六段，他以一年升一段的快速往上衝，創下升段最快的紀錄；後面的「七、八、九」三個高段位，雖不像前面一年升一段之快速，費了他六年，但他從初段到最高的九段，共費時十二年，在當時，這個速度，仍創下日本棋界的紀錄。

在他一帆風順的升段過程中，也曾有過一次小小的挫折。雖然這個小挫折並未嚴重影響到他的升段時程，但在當時的時空環境下，讓他感到十分尷尬，所以印象深刻。

那發生在他從二段升三段的過程中間。

一九五五年，他從初段升二段，只費了半年時間，順利得很；第二年的大手合比賽，仍然一路順風；從二段升三段，要賽十盤棋。那年秋天，他已賽過七盤，成績非常好，六勝一敗，剩下的兩盤棋，只要能贏一盤，就可以升三段了；這兩盤棋，對他都比較有利，他都是拿黑子，大手合比賽，黑子不需貼目，拿黑子者可以占很大便宜，因此，大家都認爲他贏定了。那時，剛滿十四歲的海峰自己也覺得很有把握。

一九五〇年代的京都，是一個安靜樸質的文化古城，很少有大新聞，「神童」林海峰在京都十三歲入段，打破日本棋界紀錄，在京都已造成不小轟動，半年後就升二段，京都棋界及新聞界更認爲是「京都之光」，及至升三段前夕，大家都認爲他升段在望，準備大大慶祝一番，棋界籌備了好些慶祝節目，京都最大的報紙《京都新聞》甚至連新聞稿及特刊都寫好了，都在等他的捷報。

當時他住在朱老先生家，朱家的人也覺得十分光彩。

沒想到事出意外，第一盤竟然輸掉了，大家很失望，但還不十分在意，接著第二盤，對手是吉田陽一，比海峰大七歲，也是剛升上二段的新手；開盤以後，海峰果然形勢領先，大家都看好黑棋，沒想到東搞西搞搞下來，把一盤不該輸的棋竟然又搞輸了。

這一下弄得很難爲情，所有預定慶祝節目全部取消，報社的新聞稿要重寫，海峰覺得簡直無臉見人，心裡窩囊了很久。

這一耽擱，錯過了升段機會將近一年，直到一九五七年四月，他才湊夠了積分，升爲三段。

藤田梧郎的内弟子

林海峰升三段後，又是一帆風順，連戰皆捷，不到一年時間，就逼近了四段。

這時候，海峰在朱家已住了四年多，生活安定，棋藝也在飛速進步，各方面都十分稱心快意。但命運之神似乎有意折磨他，多給他磨練，在將升上四段的緊要關口，他生活上又起了波瀾。

朱家在日本經營的事業有了大變動。

二次大戰以前就僑居京都的朱潤義，戰後重來日本，仍回到京都住下，經營紡織業；時日漸久，朱潤義發覺京都實在不是經營商業的好地方；再三考慮結果，他決定到名古屋去開設新工廠，全家也跟著搬去名古屋。

朱家決定遷去名古屋，海峰就發生問題了。朱老先生不能讓海峰跟著搬，因爲海峰棋界關係都在京都，而且，京都學棋環境要比名古屋好得多，此時帶海峰離開京都，對海峰在棋藝方面的發展很不利，但又不能讓海峰獨自留在京都，朱老先生爲海峰留居京都的問題大傷腦筋。

經過愼重考量，並聽取吳清源先生的意見後，朱潤義決定去和吉田道場的主持人藤田梧郎商量，可否讓海峰住到吉田道場。

按理說，海峰到吉田道場去寄住，是很理想的安排，海峰本來就在那兒學棋，彼此都不生疏，而且吉田道場地方寬敞，環境清幽，出入都是棋界中人，海峰不會再像住東京時那樣無人看管而致放浪脫序。可是，吉田道場不是旅社，也不是私寮，不可能讓人長期寄住，除非藤田和海峰雙方同意，由海峰拜在藤田門下作「內弟子」（學徒），他方可名正言順地住進藤田家中。

如此安排，最初聽來似乎十分順當，但朱潤義並不十分樂觀，他認爲雙方恐怕都有顧慮，不一定能圓滿實現。

想像中，藤田方面能收納一名已升爲四段的「天才少年」爲內弟子，也許是求之不得的事，但是，十五、六歲的男孩，正是調皮搗蛋的年齡，又是無父無母獨自在日本的中國孩子，管教不易，接納到家中，萬一相處不洽或發生其他事端，責任問題非同小可，藤田夫婦恐怕不會輕易接受。

至於海峰本人，年紀尚幼，不太懂事，對生活環境的變動，似乎不很在意，倒是朱潤義有很多顧慮。首先，他必須說服藤田接受海峰，得到藤田同意後，他又擔心藤田對海峰管教不嚴，而致海峰又回到東京那一段放浪的日子；另一方面，他又擔心藤田夫婦對海峰眞像對待一般內弟子一樣，讓海峰受了委屈。因爲日本傳統所謂「內弟子」，在師父家中是要幫忙做家事、幹粗活的，藤田如果如此對待海峰，海峰那裡做得來⑯？

⑯ 有關棋界「內弟子」的趣聞軼事，吳清源在他的自傳《中的精神》書中，記有這麼一段故事：「有一次，我妻子患了感冒，她給木谷（實）夫人打電話商量說：『能不能幫忙請個女傭來？』木谷夫人回答說：『女傭還不如我這兒的孩子好呢。』妻子想，木谷夫人一定是派女弟子過來吧，可沒想到來的是武宮正樹和石田芳夫兩人。當然，兩人當時還只有十幾歲，但他們的料理手藝很不錯，不一會兒就從廚房那邊傳來悅耳的切菜聲。」（武宮、石田後來都成了棋壇名將，武宮曾六次贏得本因坊榮銜及一度贏得名人；石田五度贏得本因坊、一度贏得名人，而且是同時擁有「名人、本因坊」雙料榮銜的名棋士。）

但是，儘管千百個不放心，朱潤義在別無選擇的壓力下，只好先說服海峰去做藤田的內弟子，再去說服藤田收容海峰。

不料，藤田讓朱潤義感到非常意外，他聽說海峰同意做他的內弟子，居然毋需朱潤義多費口舌來說服他，就爽快同意海峰搬到家裡住。

藤田說他和海峰「有緣」，從第一次見到海峰，就很喜歡這個「鬼靈精」，因此，聽說海峰要搬來同住，他毫不遲疑就答應了。

出生於明治三十五年（一九〇二年）的藤田，此時將近六十歲，已以六段退

少年林海峰（右）與藤田梧郎（左）。

役，不再下棋，完全致力於圍棋教育推廣及圍棋國際親善方面的工作。

藤田夫人也是棋界中人，原是日本棋院關西總本部的三段準棋士。藤田夫婦雖然沒有直接教過林海峰下棋，但藤田總是找機會爲海峰安排和一些高段名手對奕，最使海峰感念的，是藤田曾懇託一位笠木一郎先生多多照顧海峰，笠木是一家大公司的社長，曾經多次安排海峰到東京去和一些有名的棋士對奕；這樣的場合，海峰去東京的交通費以及和有名棋士對奕的謝禮等都由笠木先生代付了，海峰可以享用佳餚，又可聽到別人對自己的恭維，自是萬分愉快而且獲益良多。

林海峰搬進吉田道場和藤田夫婦同住的時候，他將要滿十六歲，仍在大阪中華學校唸初中；他在藤田家這個終日與圍棋爲伍的環境裡，度過了三年半的歲月，一直到一九六一年十二月，他快二十歲的時候，才搬離藤田家。

藤田夫婦沒有兒女，海峰以內弟子身分搬入同住之後，兩老就把他當作義子看待，住在京都高級住宅區，房舍寬敞舒適，生活條件豐裕，海峰從未幫忙做過家事，和一般內弟子所受待遇完全不同。

住在藤田家的三年多裡，海峰生活是愉快的，尤其是最初兩年，他從朱家嚴格管教的環境裡搬出來，轉換到一個比較自由自在的天地，內心十分輕鬆愜意。藤田受了朱老先生的重託，仍然對他有管有教，可是，藤田本性不像朱老先生那麼嚴肅刻板；同時，藤田對於「下棋的孩子」的管教，另有一套想法。藤田認爲，圍棋畢竟是講究勝負輸贏的事情，「下棋的孩子」還是讓他調皮一點好，不會吃虧。當然，也不能讓林海峰像幾年前在東京那樣有如脫韁之馬，爲所欲爲了。

藤田後來談及海峰早年的生活情況時說：海峰十六歲遷入藤田家，身體相當瘦弱，卻非常喜歡運動，棒球及桌球是從小就喜歡的；海峰玩球，藤田不加干涉，他認爲玩球對孩子身體有好處。海峰一度對棒球十分入迷，曾正式加入棋院關西總本部的棒球隊，擔任投手，並且成爲棋院棒球隊的台柱隊員，時常練球練到廢寢忘食，藤田也不反對，他認爲，既是球隊隊員，跟著球隊練球，就是正當活動。

但藤田對海峰當時所喜歡的另一項運動——日本式的摔跤（日語稱爲「相撲」）很不贊同。因爲，這種雙人競技，互相推拉扭打，容易受傷。藤田禁止他玩相撲，但海峰興趣一直很高，有時瞞住藤田，和師兄弟們躲到樓上去偷偷比賽，偶或一跤摔重了，全屋震動，難免討來一陣責罵。

海峰似乎對任何有勝負輸贏的事物都很喜歡，圍棋、桌球、棒球、相撲等都是。他還喜歡玩日本紙牌，藤田對於他和師兄弟們的紙牌遊戲，也不反對。

麻將，海峰也是在藤田家學會的。藤田夫婦都是麻將迷，但技術並不高明，吉田道場過往的棋士或學生們常常在麻將桌上競技，海峰也時常被拉上桌去湊腳，既可贏零用錢，還有精美點心享用，他自是何樂而不爲呢。藤田家的麻將聚會讓他回味無窮。

海峰和京都棋界的朋友們大多記得他年少時代曾一度沉溺於遊樂場內的吃角子老虎機。藤田說：「我當時並不知道這件事，如果知道，我對他出入這種遊手好閒的場所是絕對不准許的。」

大體來說，林海峰在藤田家，生活過得非常適意，藤田夫人把他照顧得很好。他初抵日本的這幾年，「朱家媽媽」、「藤田伯母」是他公開尊奉爲「有如生母」的兩位女性。曾有人問他：在她們兩位中間，他比較喜歡那一位？他說：「兩位老人家，我實在分不出誰比誰好，在性格上，兩人是兩個典型，朱家媽媽比較保守，管孩子管得很嚴格，但想想我當年初到日本，在吉田道場學棋，她每天親自接送，這份恩情使我多年後仍感到無限溫暖。藤田伯母比較隨和，有人說：我在她面前比較淘氣。」

在藤田夫人口中，海峰當年眞是夠淘氣，印象最深的事，是早上貪睡懶覺，他在大阪中華學校唸書，每天清早從京都趕乘火車去大阪上學，早上總要三催四喊才肯起床，起來之後，就往廚房裡跑，藤田夫人忙著爲他準備便當，他卻沒事找事的在一旁干擾不休，直到幾乎趕不上火車時，才肯出門。

海峰喜歡下廚房，其實，他並不好吃，更不喜歡燒菜，他跑廚房，因爲那是藤田伯母常在的地方。他每天都有事情向藤田伯母報告，學校的趣事、球場上的得意成績，要是碰到贏了棋賽歸來，那更有得講，有時講得得意忘形，順手拿起廚房裡的抹布就擦臉上的汗。

他不喜歡洗澡，剛巧藤田老先生和他一樣，每到藤田夫人逼著他們進浴室的時候，一老一少總是你推我讓一番，有時甚至用猜拳來決定誰先去受罪。可是，海峰進了浴室，卻又久久不肯出來，說是既然要洗，就洗個痛快。這類淘氣事情，常把藤田夫人弄得莫可奈何。要是偶或患了傷風感冒等小病痛，他更會撒嬌，就像所有被溺愛的孩子「折磨」母親一樣。

不再升學，專心學棋

海峰遷入藤田家不到一年，在一九五九年五月，就以八勝二敗的「大手合」成績，從四段升爲五段。

第二年，一九六〇年十一月間，又以六勝二敗的成績，升爲六段。

這時侯，他剛滿十八歲，在日本棋界卻相當有名氣了。他升段速度之快，是日本棋院授段歷史上的第一人。日本棋界原來保持升段速度紀錄的藤澤朋齋，十四歲入段，二十歲升五段，這段紀錄已被林海峰打破了；隨後，藤澤到三十歲才升九段，這段紀錄更是比林海峰差了一大截。

少年棋士的林海峰，不僅名震日本棋界，在社會上他的名字也因時常見報而漸爲人知，尤其在京都，他已算是一個小名人了。

十七歲那一年，一位長輩送給他一輛全新腳踏車，他很高興，騎著四處兜風，也許是興奮過度，違反了交通規則，被一位警察當場逮住了。

在日本，違反交通規則是相當嚴重的事情。當那位警察要登記他名字的時候，聽了是「林海峰」，態度突然變得十分和善，微笑著說：「啊！你就是那位圍棋神童林君？……騎車可要小心呀，不守交通規則，對自己也很危險的！」海峰就這樣被輕輕放過了。

幾年後，當他躍登日本棋王「名人」寶座時，京都市民都感到與有榮焉，這位警察才向新聞記者講出他曾和棋王打過交道的這段往事。

藤田梧郎對海峰學棋進步神速的過程，有如下說法：

早年，在他初到吉田道場受教以及後來在棋院作院生的階段，他的進步快速，是靠天分；同樣一份棋譜，同樣的老師講評，一夥師兄弟在一塊兒研習聽講，他的領悟與受益總是比別人多，所以進步比別人快。

在他入段及升到兩、三段以後，他的進步神速，是靠他自己用功；這時，他已不再需要別人

對他講評指點，他常常直接參與棋賽後的檢討研究，或則獨自按譜研習，總是比別人專心，比別人用功。

藤田說：海峰住在他家那段日子，進修圍棋根本不要人督促，自己懂得用功，自己會找書看；一般人看來枯燥乏味的圍棋書，他卻像是看漫畫書一樣津津有味。以往，他不喜歡一個人擺譜，但到了藤田家之後，卻時常獨自對著棋枰下功夫，或是鑽研前人的棋譜，或是埋頭思考報章雜誌上所刊的圍棋詰題⑰。他愛玩愛鬧，但一回到自己房間就是弄棋，這時候，他的棋藝與段位都已相當高，不再需要別人詳加指點了。

海峰在藤田家寄住一年多後，他在大阪中華學校初中部畢業了，他決定不再繼續到普通學校唸書，要專心學棋。

對於海峰是否應該繼續升學的問題，當時在他的長輩親友之間，曾有過一些爭議。大體上，臺灣方面的親友與幾位對他愛護、栽培備至的長官都認爲他應該繼續升學，至少應唸到高中畢

⑰ 研究如何吃掉對方一塊棋，同時研究如何防守自己陣地，不被對方吃掉。

業；但日本棋界方面的師友與在日本負責監護他的父執們都認爲不必再繼續升學了。他從小學到初中的學業，由於搬家、出國以及到日本後的一再轉學，已經耽誤了不少；唸初中時，他幾乎一直是全班同學中年紀最大的，他又長得高，在同學中鶴立雞群，很影響他的學習興趣；而且，他的棋藝與段位已經高到五段、六段，早該專業化了，一位高段位專業棋士，除了下棋之外，必然還有一些不可避免的活動與應酬，實在很難再有時間去唸高中。

最後，吳清源、藤田及朱潤義等人的意見占了上風，他們說服了臺灣方面的親友長輩，大家同意：海峰自己既然不願再升學，就不必勉強他了。

藤田梧郎自己也是一位專業棋士，他曾就日本棋界的一般情形，說明他認爲海峰毋需再升學唸高中的理由。

藤田說：日本的一般專業棋士，都不可能受很高的普通教育。圍棋如果要專業，必須很早就開始專注，需要集中全部時間與精力去研習，不會再有餘力去顧及學校課業。過去在私塾時代，專業棋士應該唸多少書，沒有一定標準，後來有了新制學校，又有了義務教育，一般職業棋士都是唸完小學六年強迫教育就不再唸了。

　　藤田並列舉了當時好些位一流棋士的普通教育都只唸到小學畢業；後來，義務教育延長爲九年，年輕一輩棋士才有了初中畢業學生，更高學歷的棋士就不多見了。

　　可是，職業棋士中，不乏飽學多識之士；而且，絕大多數高段棋士的談吐、舉止，都溫文爾

林海峰親筆書寫的「平常心」三字致勝箴言。

林海峰為棋迷在棋盤上簽名。

雅，看上去有很好的學養基礎。藤田解釋說：這都是棋士們離開學校後自己修習得來的。棋院很鼓勵棋士們業餘進修，辦有書道班、英文班等多種進修班，讓棋士們業餘進修。

海峰早年雖然唸到初中畢業就輟學了，但後來遷到東京，棋藝進步，見識大增，曾發憤拜師苦讀過一年多的英文；又曾參加棋院的書道班勤練書法，成爲棋院書道教授柳田泰雲的得意門生。及至他得了名人、本因坊等榮銜之後，日本各界人士向他索求墨寶，或請他在名貴棋盤、棋具上署名紀念的很多。尤其每次在風景名勝地區高級旅社中進行重大棋賽，賽後他總得把自己關在客室中大半天，振筆揮寫幾十幅日式「色紙」，來酬應當地名流仕紳或棋迷們的索求。此時，他更感到書法及中國詩書成語的重要，不得不忙裡偷閒，勤練書法及苦讀詩書。這些都是後話。

獨立生活

遷往東京

海峰在藤田家過著無憂無慮的日子，大家都以爲他會安心住下去，至少在他成年以前應該不會搬動了。

不料，住了將近兩年，就傳出了遷動的訊息。

這一次搬遷的醞釀，與他來日本以後幾次東搬西搬的情況不同，以往幾次，都是客觀環境變遷而讓他東搬西搬；這一次，卻是他自己主動想要搬遷，讓大家嚇了一跳。

似乎早在一九六〇年夏天他就有了搬離藤田家的念頭。

他先向藤田和朱潤義分別表示了他的意思，兩位老人家沒有多理會他，因爲他始終講不清楚要搬離藤田家的具體原因。後來，他寫信給臺灣的哥哥和姊姊，希望他們代爲請求臺灣的父執親友們設法讓他搬到東京去。據他大哥海濤說：在他寫回臺灣的信裡，對搬遷到東京的意願表示得非常堅決，但也沒有說清楚爲什麼要搬遷。

事實上，一直到多年之後，海峰依然說不出他當年到底爲什麼吵著要搬離藤田家，他對藤田夫婦毫無怨言，而且很感謝他們待他如對自己的孩子一般；物質生活上，在藤田家，住得好、吃得好，僱有兩個下女照理家務，過的是日本中上等人家的生活，海峰毫無不適意之處，這些都不構成他要遷離的原因，他回憶當年的情況說：

「我並不是厭惡什麼或逃避什麼而要遷居，當時只覺得心裡不自在，好像受著種種束縛，感到苦悶難耐，想要突破而出……。」

看來，他當時的吵吵嚷嚷，可能只是少

海峰與藤田梧郎夫婦。

年時期精神苦悶的一種反映而已。

至於他選擇東京，據他說，是因爲「東京棋界高手雲集，觀摩的機會多，練習的機會也多，這是京都無論如何趕不上的」。

在海峰吵嚷著要搬家而臺灣親友們還不知道如何因應的時候，他的一位父執剛好有事去日本，特別轉到京都去看他，問起他搬家的事，他仍然說不出什麼正當理由來；但這位愛護他的老前輩，從細密觀察中，察覺他精神上的確很苦悶，這個未滿十八歲的慘綠少年，滿頭濃髮竟然白了一半；而且，在談話過程中，海峰常常不自覺地用兩只拳頭輕打自己的太陽穴；這位前輩回到臺北後，把他所看到的情形告訴了國內關心海峰的幾位巨公名流，並堅請大家幫海峰搬到東京去。

當時臺灣方面幾位愛護海峰的政壇巨公們認爲，海峰在京都生活既然如此不稱心，也就不必探究原因，應該盡快設法讓他搬到東京。而且，大家都認爲以海峰當時的實力，在京都恐怕是找不到對手了，理應讓他遷到東京，向一流棋士們多觀摩、多見習，使他的潛力充分發揮出來。

在這些巨公名流的協助與安排下，海峰遷居東京的事逐漸有了眉目。

臺灣方面的親友長官們雖然決定讓海峰遷居東京，但大家認爲一個十八歲的大孩子，絕不能讓他在東京獨自生活，尤其想到海峰八年前在東京幾乎淪爲流浪兒的往事，更不放心讓海峰遷到東京去。

經過多方考量，由曾任國軍聯勤副總司令的海峰的姑丈吳嵩慶決定，讓海峰的大哥海濤到東京去陪伴海峰，並由吳嵩慶出面和海濤服務的中央信託局情商，派海濤到中央信託局東京分公司去服務。

林海濤比海峰大十二歲，天性沉穩篤實，當時尚是單身，「阿哥」和小弟一向相處極好，他去東京，可算是名正言順的海峰監護人。

海峰聽說大哥海濤要來東京與他作伴，眞是喜出望外，迫不及待的一再給哥哥、姊姊寫信，探詢「阿哥」什麼時候來？

一九六〇年底，林海濤到了東京。

可是海峰並沒有馬上遷到東京去，一方面是因爲海濤是第一次出國，人生地不熟，自己尚未安頓好之前，不敢讓海峰遷來；同時，他到東京後一打聽，發覺「東京居，大不易」，物價高得出奇，房租尤其貴得嚇人，弟兄倆沒有充分準備，暫時無法在東京相聚。

另一方面，京都藤田夫婦見海峰遷居的事已成定局，表現出依依不捨之情，極力挽留他多住一些時候，海峰不忍過分拂逆兩老的好意，同意暫留下來；而且，京都畢竟是他住過將近十年的地方，歡樂童年在此度過，一口「關西弁」的日本話，早已被京都人認同他是本地人了，一旦要離去，卻也有說不盡的難捨人情，能留就不妨多留些兒吧。

這一留，留了整整一年，直到一九六一年十二月，海峰才搬去東京，並將棋籍也轉移到日本棋院東京本院。

遷到東京，林海峰這才脫離了十年來寄人籬下的生活。這個還不滿二十歲的大孩子，在人口超過一千萬的東京，開始嘗試著自立自主的日子。

獨立自主的單身生活

海峰剛搬去東京的時候，並沒有和哥哥住在一起，他們弟兄倆租不起一幢可以共住的房舍，只好分住在東京市區御茶之水車站附近的兩個單身公寓裡。過了將近一年，他哥哥所住公寓鄰室的房客搬走了，他才搬了進去，兄弟毗室而居，各住一間六席榻榻米的單人房。

這時，他的生活極不寬裕。這是他生平首次自立門戶，租房子要一筆爲數可觀的押金及預付金，還要購置簡單家具和日用品，在在需要錢。他只有棋賽方面的收入，「大手合」的對局費很低，他在「新聞棋」賽的戰績不好，收入有限，只好靠教棋的鐘點費來彌補，每週，他得去棋院開辦的「中央會館」一兩次，公開教棋。

這段期間，他過的是東京年輕單身漢的典型生活，簡單、無秩序、隨遇而安。

白天，哥哥上班，他自由活動。

他完全不像八年前第一次到東京時那般頑皮搗蛋嬉戲終日了，他大多流連在棋院或中央會館，交往的都是棋界中人，除了參加棋院安排的棋賽或教棋之外，也看別人賽棋，還自動參加了棋院主辦的英語班及書道班，加入了棋院的棒球隊，成爲球隊的明星投手。

晚間回到公寓，看電視是唯一消遣，弟兄兩人偶爾同去看一場電影，或由他幫著哥哥燒一頓中國飯菜調劑口味。

興致來時，他會找哥哥對奕一局，哥哥當然不再是他的對手了，常要他讓子，他就施展出高段專業棋士的一些獨門手法來贏棋。海濤說：他們兄弟對奕，如果在公眾場所，或是有旁觀者在場，海峰讓子之後就贏得比較吃力，因爲有人觀戰，海峰就不便使用過分刁鑽古怪或一些虛張聲勢的手法來對付他；如果是兄弟兩在住處對奕，海峰無所顧忌，就施展出各式各樣的陷阱來逗弄哥哥，哥哥未受專業訓練，時常被他逗得暈頭轉向。像這樣的生活樂趣，海峰是搬到東京後才有的。

生活漸漸安定，精神愉快，海峰的身體一天一天強壯起來，二十歲剛出頭，他的身高一七五公分，體重七〇公斤，比哥哥粗壯高大得多，已是一個大孩子了。

在升段賽方面，他保持著一貫的強勢紀錄；遷來東京不到一年，一九六二年十一月，他順利升爲七段。而且，他在那一年的正式棋戰成績，是二十一勝七敗，是棋院全部棋士全年勝率最高的。

遷來東京，逐漸熟悉東京棋界的情形之後，海峰就更確信自己年前堅持遷居到東京來是絕對正確的，在圍棋活動上，京都與東京相比，眞是小巫見大巫。當時的東京，一流高手雲集，棋界活動頻繁，在這裡，磨練棋藝及觀摩棋賽的機會多了，一些慕名已久的大師都有機會遇上，高手們在重要棋賽後的自戰講

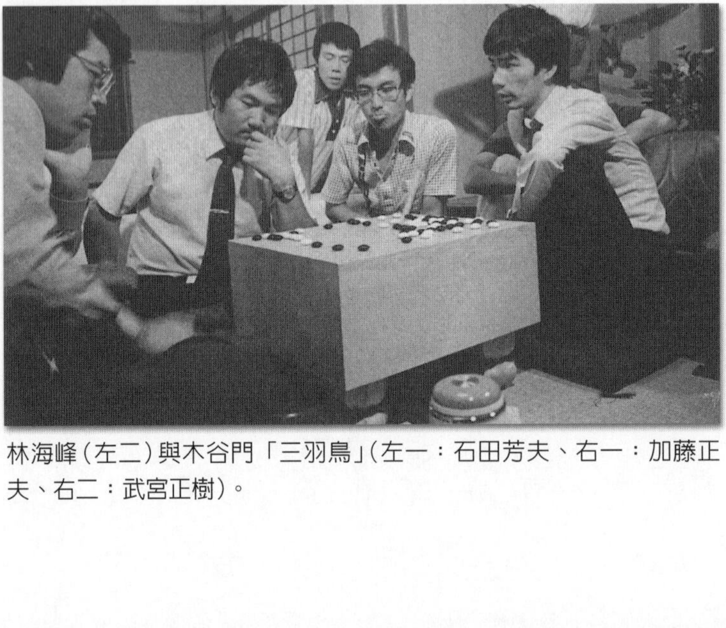

林海峰（左二）與木谷門「三羽鳥」（左一：石田芳夫、右一：加藤正夫、右二：武宮正樹）。

評或檢討都有機會聆聽，眼界大開，見識增進，這些都是在京都無緣領受到的。

海峰初抵東京的時候，偶爾也會到木谷實先生主持的「木谷道場」去觀摩見習，木谷和吳清源老師是早年共創「新布石」的棋壇好友，海峰在「木谷道場」結識了木谷老師的內弟子大竹英雄、加藤正夫、石田芳夫、武宮正樹等。木谷門下的這一群內弟子，十數年後，都是和海峰在棋壇爭雄奪霸的新世代菁英。

海峰也曾造訪木谷老師主持的「三榮會」研習棋藝，擔任指導的大多是梶原武雄先生，木谷老師在研究會上很少發表意見，只是偶或給一點提示。木谷老師督促門生們自己多思考，他認爲必須自己思考，實力才會增進。木谷老師的這種教學方法，也給了海峰很大的啓示。

新聞棋賽現場見習

移籍東京本院，最讓海峰感到振奮，同時讓他覺得自己受益最大的，是他有機會看到爭奪棋界榮銜的新聞棋賽現場，尤其是新聞棋最後階段的「七番勝負」或「五番勝負」等挑戰大賽。有緣目睹這些新聞棋大賽，對一般棋士而言，自是十分刺激，而且獲益良多。

海峰移籍東京的第二年，一九六二年，適逢《讀賣新聞》主辦的「名人賽」第一屆開賽，由全國十三位最強高手作循環賽，各賽十二局，勝數最多的一人即爲第一屆「名人」。當時賽到最後一輪，只剩下兩場，一場爲吳清源對坂田榮男，另一場爲藤澤秀行對橋本昌二。四人都已賽過十一局，各人成績爲：吳與坂田勝敗相同，均爲八勝三敗；藤澤成績最好，九勝二敗，橋本最差，六勝五敗。

從上述各人戰績，可知最後這兩局棋，就是決定新制第一屆「名人」誰屬的重要關鍵。在這關鍵上，情勢非常微妙，因爲這最後兩局棋如果藤澤贏了橋本，藤澤的總成績將是十勝二敗，穩居冠軍，如此，吳與坂田那一局誰勝誰負，都不關緊要了。但是藤澤如果輸了，總成績將是九勝三敗，他的勝數就和吳、坂田兩人對局的獲勝者的勝數相同，均爲九勝三敗，那就須加賽一局，以決定誰是「名人」。

由於最後這兩局棋有著如此的微妙關係，《讀賣新聞》有意造成高潮，遂刻意將這兩局棋安排在同一天，同一時間，並在同一家旅館舉行。

時間是一九六二年八月五、六日兩天，賽場在東京高級料亭旅館「福田家」的兩處館址，一在千代田區紀尾井町，一在港區芝明舟町，同一個老闆經營，兩處相距不遠。

四大高手競爭新聞棋第一屆「名人」榮銜，這最後兩局，精彩可期，對廣大棋迷來說，已經夠刺激了，再加上《讀賣新聞》的刻意渲染安排，這兩局棋，幾乎已成爲全國轟動一時的大新聞。

林海峰躬逢其盛，棋賽進行的那兩天，他緊張興奮得不得了，在兩個「福田家」之間跑來跑去，關心棋賽的進展。

兩天鏖戰下來，藤澤、橋本之戰先結束，藤澤輸掉了。

這個結果很微妙，這就表示第一屆「名人」當晚無法產生，必須等到吳和坂田之戰結束後，獲勝者再和藤澤另行擇期加賽一局，才能決定誰是「名人」。

當時，吳清源和坂田是公認最強的兩位頂尖高手，一般預測都認爲當晚吳、坂之戰的獲勝者就能成爲第一屆「名人」。

吳、坂之戰，到深夜才結束，兩雄棋逢敵手，難分高下，結束後，清點盤面，卻出現意外的結果，棋證藤澤朋齋九段宣布是「和棋」。

「名人賽」章程有一項特別規定：「和棋」，算是持白子者獲勝，因此，當晚吳、坂之戰，持白子的吳清源獲勝。

至此，大家都以爲兩天來的緊張情況已告解除，第一屆「名人」將由吳清源和藤澤秀行另外加賽一局決定。

不料，意外的事情突然又發生了。主辦單位臨時緊急宣布：吳清源與藤澤秀行雖然同為九勝三敗，但吳清源的最後一勝為「和棋勝」，較之藤澤的九勝均為「正式戰勝」者較遜一籌，因此，主辦單位決定：毋需舉行加賽，第一屆「名人」已決定為藤澤秀行。

最後的這個大轉折，讓各方都感到意外。

但最感意外的，應是藤澤秀行本人，當晚他輸了棋，鬱卒萬分，離場後並未回家，獨自跑到銀座酒吧間買醉去了，終宵大醉，以致主辦單位及媒體記者們都找不到新科「名人」。

這兩天緊張激烈的高手棋戰，與最後這戲劇性的意外結局，海峰都看在眼裡，當然印象深刻，尤其這最後一幕，眼看著吳清源老師與實至名歸的「名人」榮銜擦肩而過，更讓海峰感受深切；多年後談及這段往事，海峰仍難免為吳清源當年所受的一些遭遇抱屈。

新聞棋賽的「七番勝負」或「五番勝負」，是爭奪榮銜最後階段的挑戰大賽，對奕的衛冕者與挑戰者必然都是高手，能見識到這樣的棋賽現場，聆聽到高手們局後的研究檢討，自是一般棋士們求之不得的事；領悟力強而又肯用心的專業棋士，得益更多，林海峰對當年的感受曾有生動

的描述：

> 爭奪榮銜的對局，棋士高手們自然都是全力以赴，我每每在棋局結束後進入賽室，仍可感受到棋賽進行時緊張的氣氛，自己也好像脫了一層皮一樣；見識高手們克敵制勝的高招，讓我覺得自己功力也在增強；從前輩高手們的實戰經驗裡，的確可學到很多東西。

海峰的領悟力果然高人一等，從觀摩實戰及聽取高手們對局後的檢討研究中，吸收了有關圍棋的一些基本觀念與思維，甚至在棋風上也有了相當大的改變與調整。

這是他學棋十年來在棋風上的一次重大轉變。

圍棋本來就是對奕者比賽圍地大小的遊戲，以往他認爲下棋就是你來我往的對打對殺，一心想吃掉對方的棋子。可是，聽多了前輩高手的局後檢討及感想之後，他逐漸領悟到圍棋並不是一心求勝就可以獲勝的，只靠戰鬥力並不能穩操勝算；他發覺，耐心等待與俟機而動是非常重要的。後來，他在棋界被稱爲「二枚腰」⑱，就是說他下棋時，絕不輕易放棄，一定要耐心纏鬥，等待機會取勝。此後他的棋風也與最初時不同了。

⑱「二枚腰」是日本相撲鬥技的術語，意思是說此人有兩副腰桿，絕不輕易屈服。

破除「新聞棋魔咒」

日本專業棋士在國內所參加的「正式棋戰」，以往分爲兩大類：

一是「大手合」，就是升段賽，由棋院主辦，九段以下棋士按「大手合」成績計分積點升段；九段是最高段位，升到九段者就不再計分積點了。

一是「新聞棋」，由棋院與各媒體分別簽約委託辦理不同榮銜的棋賽。如《讀賣新聞》主辦「棋聖戰」；《朝日新聞》主辦「名人戰」；《每日新聞》主辦「本因坊戰」⑲。

⑲ 名人賽原是《讀賣新聞》主辦，一九七五年，《讀賣新聞》社因名人賽契約金問題，與日本棋院發生爭執，日本棋院遂與《讀賣》解約，而另與《朝日新聞》簽訂新約，改由《朝日》接辦「新」名人賽，並提高契約金及獎金數額。《讀賣新聞》社停辦名人賽後之次年，經有力人士從中調解，《讀賣》和日本棋院重新合作，另訂新約，由《讀賣》提供較「新」名人賽更高的契約金及獎金，改辦「棋聖戰」。日本

參加上列兩類棋賽，是所有專業棋士的權利，也是義務。「大手合」現在已停辦了，棋士升段完全以個人在新聞棋賽中的戰績爲準，「新聞棋」對局費及獎金是棋士們的主要收入來源，一旦在「新聞棋」賽中露了頭角，那可是「名利雙收」的。

以往，林海峰在「大手合」棋賽中，一直戰績輝煌，從「入段」升到六段，創下最年少「入段」及最快速升段等多項紀錄。可是，他在「新聞棋」賽中，戰績卻非常不理想，幾乎都在「預選」階段就被淘汰了。當然，這也是莫可奈何的事，「新聞棋」賽完全是比實力，低段位的年輕棋士，棋力不足，自然不容易在「新聞棋」賽中露臉。

棋壇的生態如此，少年林海峰並不敢有所「奢望」，但天性好強的林海峰，偶或也難免納悶，自己在升段賽中如此順利，已升到五段、六段了，段位已不算低，爲什麼在「新聞棋」中一直不能突破？自己既能在升段賽中屢創紀錄，爲什麼在「新聞棋」中就沒有稍好的表現？

（續）新聞棋名次排行，一向以獎金數額高低爲標準，過去是名人賽最高，本因坊其次；自從《讀賣新聞》改辦棋聖賽之後，因棋聖獎金最高，排行榜遂亦改爲棋聖第一、名人居次、本因坊第三。目下所謂日本新聞棋「三冠王」，即係指此三大棋賽而言。

潛在心底的這個疑問，讓少年林海峰內心不自覺地滋生出一股無名而又難耐的鬱卒，這也許就是他在十八、九歲的時候吵著要從京都遷往東京的原因吧？在極度鬱卒中，他力求突破，追求多方面的突破：生活環境上的突破、棋藝上的突破，更要在棋賽中破除新聞棋的魔咒，……這一切，他都希望遷到東京去找答案。

說也奇怪，在他從京都遷籍到東京的第二年底，他順利從六段升到七段後不久，在「新聞棋」賽的「圍棋選手權」賽中首次有了突破，奪得了「圍棋選手權」賽的決戰權。

一九六三年初，「圍棋選手權」賽的決賽開始，這是「三番勝負」的較小型棋賽，對手是海峰當年作院生時的指導老師杉內雅男九段。海峰第一局獲勝，卻連敗第二、第三兩局。冠軍榮銜未奪到，卻得了亞軍「高松宮獎」。

這是海峰在「新聞棋」賽中首度嶄露頭角。

「新聞棋魔咒」終於破除了。

魔咒一旦解除，果然石破天驚，不斷傳來前所未有的捷報。同年秋天，他竟然打進了「新聞棋」最高位的「名人賽」循環圈；次年，又在「新聞棋」第二位的「本因坊賽」預選中連戰皆捷，打進了「本因坊賽」的循環圈。同時置身在兩大棋賽循環圈內，海峰已儼然躋身於當代一流高手之列，給日本棋壇帶來不小的震動⑳。

當時日本十項「新聞棋」賽中「名人」與「本因坊」是特別受到重視的兩大榮銜；這兩大棋賽，不僅規模大、獎金多，而且各有特殊歷史背景，地位崇高，是其他「新聞棋」賽難以比擬的。

⑳「名人」與「本因坊」兩大循環圈是日本全國專業棋士一致力拚奮鬥的目標；名人循環圈九人，入圍者就是全國最強的九人之一；本因坊循環圈八人，入圍者就是全國最強的八人之一；同時進入兩大循環圈者，當然就是一等一的高手了。

這兩大循環圈，棋界稱之爲「金椅子」，因爲圈內循環賽的對局費很高，圈內棋士每年至少有七盤（本因坊）或八盤（名人）棋要賽，單是這一筆對局費就很可觀，如果能贏得挑戰權，甚至進而贏得榮冠，那就更是名利雙收了。

這兩大榮銜，都有四百年以上的歷史。

話說距今四百年前的一六〇三年，當時的「大將軍」德川家康開設幕府於江戶（現在的東京），創建霸業。這位雄才大略的「大將軍」提倡圍棋不遺餘力，他一面扶助當時棋界實力最強的四大門派，使他們都能自立和發展，一面設立「名人碁所」的正式榮銜，授與棋界實力最強的棋士，讓他享受崇高榮譽，並受官家奉養。

當時的四大門派，就是所謂「棋界四家元」，即：本因坊家、井上家、安井家、林家。四家各有掌門人主持家務，並設帳收徒。榮膺「名人碁所」榮銜的「名人」，就從這四大家元（門派）中產生；產生的方式或由幕府大將軍任命，或由四大家元協商聯合推薦，大多數都由公開比賽的優勝者獲任。

傳統上，四大家元的掌門人與「名人」都是終身職，不常變換。四大家元之中，以本因坊家勢力最大，實力最強，所以，大多數的「名人」都是本因坊家的掌門人擔任（歷史上十代「名人」之中，有七代是本因坊家的掌門人）。

這個傳統一直保持了三百多年。一九二四年，日本棋院成立，一切有關圍棋的事務都由棋院接管。這時，早期所謂「四大家元」與「名人」等組織與榮銜，都已解散或撤銷。唯最後一位（第二十一世）的「名人本因坊」秀哉尚健在，日本棋院尊重傳統，同意秀哉老人一直保持這個雙料榮銜。

一九三八年，日本棋院經過長時間協商談判，獲得「名人本因坊」秀哉同意退隱，並同意將「名人」、「本因坊」兩個具有歷史意義的榮銜奉獻給棋院。

一九三九年，日本棋院與《每日新聞》簽約，委託《每日新聞》承辦「新制本因坊賽」。新制的本因坊不再是一個傳統「家元」的掌門，而是一個可由日本棋院及關西棋院所屬的全體專業棋士公開角逐的榮銜；任期也不再是終身，而是一年一屆。

新制的本因坊開辦後二十二年，一九六一年，日本棋院與《讀賣新聞》簽約，委由《讀賣新聞》主辦「新制名人賽」。

林海峰二十一歲打入「名人賽」循環圈，二十二歲打入「本因坊賽」循環圈，都是年紀最輕的入圍者；而且，海峰從十三歲入段，到二十一歲打入名人賽循環圈，其間只有八年時間；到二

十二歲打入「本因坊賽」循環圈，其間不過九年時間，實力成長之快速，在日本圍棋史上也屬空前，更讓日本棋壇爲之震驚不已。

林海峰一九六三年秋天奮力打進名人賽循環圈，這是他在新聞棋賽中的一次大突破。此一突破，來得千辛萬苦，而且驚險萬分。

名人賽九人循環圈內高手爲爭奪挑戰權而進行循環賽，每人須賽八局，戰績最好的就是挑戰者，戰績最差的三人就被淘汰出圈，另由三位新人遞補。因此，名人賽循環圈每年只有三個名額入圍；這三個名額都是日本全國當時三百多位專業棋士彼此拚鬥爭奪的目標。名人賽循環圈的入圍之門是極其狹小的。

入圍前的比賽，由於人數太多，採淘汰制，參賽者一關又一關打上來，稍一失手，即遭淘汰，只好明年再來。林海峰常說：一般四、五段以上的專業棋士，棋力都已相差無幾，在這類淘汰賽中要勝出，除了棋力競爭之外，恐怕還得靠幾分手氣。

林海峰當年一路打上來，過程還算順利，但最後有兩大難關要闖，通不過就得再等一年。

兩大難關，也就是兩位實力九段，一是島村俊廣，一是杉內雅男。

島村是日本棋院中部總本部的重鎮，當時五十二歲，棋力正屆巔峰，年紀是林海峰的一倍半，可算是林海峰的大前輩了。

杉內曾是海峰作院生時的指導老師，是少壯派棋士中的精銳，在此前半年，林海峰在「圍棋選手權」賽決戰中還曾敗在杉內手下。

面臨兩大強手，海峰只能在不存奢望的情況下盡力而爲。

結果，很幸運，兩關都安全通過，他進入了循環圈。

九人圈內的循環賽，每人賽八局，林海峰入圈後第一年總結下來，四勝四敗，成績不算好，他自己並不滿意，卻也暗自慶幸有此結果，因爲他有四勝，總算勉強得以保留在圈內，未遭淘汰出圈。

當年八局循環賽的最後一局，林海峰印象深刻，數十年後都未忘記，因爲這局棋對他來說，實在太重要了，他當時已賽七局，成績是三勝四敗，這第八局對宮本直毅八段，是關係著他能否保留在循環圈內的最後一局，如果他贏了，才有四勝四敗成績留在圈內；要是他輸了這一局，就被淘汰出圈，何時再能打進循環圈這個窄門，就很難說了。所以，海峰稱這局棋爲「重大命運之一局」。

幸而他當年贏了這一局，才開始了他和名人賽循環圈連續數十年的「在籍」關係，至二〇〇四年被淘汰出圈爲止，他創下了「在籍」三十九年的空前紀錄。

問鼎名人

爭奪挑戰權

一九六四年秋天，第四屆名人賽的循環賽開始，上一屆排名最後而勉強得以保留在圈內的林海峰，仍然未存非分之想，只以盡力而爲之心與圈內高手進行循環戰而已。

開始的幾局，海峰表現平平，直到一九六四年底，海峰賽了三局，二勝一敗，成績並不突出，幾乎沒有人看好他。

一九六五年元旦，日本棋院發行的《圍棋俱樂部》月刊新年號上，刊出一篇「昭和四十年（一九六五年）棋界十大夢想新聞」的座談會紀錄，由各報圍棋記者及棋評家聚在一塊座談一些想入非非的「夢話」，作爲新年趣談；其中第一夢是「高川格九段當選國會議員，從棋壇轉入政界」，第二夢就是「青年棋士林海峰贏得名人賽挑戰權，舉世震驚」。

當時日本棋界中人認爲林海峰雖然後生可畏，來勢洶洶，但要在強豪虎視眈眈的名人賽中奪得挑戰權，恐怕是癡人說夢吧！

一九六五年開春以後，循環賽繼續進行，海峰首戰贏了藤澤秀行九段，接著又贏了大平修三九段。接連過了兩位九段的大關，海峰自己也很高興新年給他帶來了好手氣。

六月，升段賽「大手合」傳來捷報，他積分已夠，升八段。

在喜訊連連的好心情下，海峰在循環戰迎戰也是新升八段的榊原章二，他又贏了。

開春以來他連勝三局，連同年前的二勝一敗，他的戰績是五勝一敗，在循環圈居於首位，已是十分接近挑戰權了，尚餘一局，是對藤澤朋齋九段。

這最後一局，是非常不容易通過的一關，藤澤朋齋當時棋力正屆高峰，而且是「十段」榮銜的保持者。

藤澤也已賽過六局，四勝二敗，成績不如林海峰的五勝一敗好，因此，最後這一局，林海峰如果贏了，總成績是六勝一敗，挑戰權當然歸他；可是萬一林海峰輸了，他的總成績就和藤澤一樣，五勝二敗。名人賽章程特別規定，循環賽中如有兩人或兩人以上勝敗局數相同時，則以上一屆循環賽之「名次」決定挑戰權誰屬。在此項規定下，林海峰上一屆排名最後，挑戰權自然不屬於他，而歸於藤澤了。

因此，這最後一局，對林海峰來說，太重要了，非贏不可，贏棋方能奪得挑戰權，如果輸了，即使他的總成績和藤澤一樣，挑戰權也不會歸他。

《讀賣新聞》排定藤澤對林海峰的這一局，賽期在七月七、八日兩天。

在賽前將近一個月的時間裡，海峰雖然一如平常般參加其他正式棋賽，但心裡一直惦念著的卻是有如「天王山」一般重要的這盤棋；賽期越近，他越感到緊張難捺，自信心似乎也動搖了。這是他出道以來從未有過的現象。

到了棋賽前三天，在焦急煩躁之中，海峰忽然腦際靈光一閃，何不去拜見吳老師呢，請老師指點一下制勝之道。

海峰從東京坐了將近兩小時的火車，專程到溫泉名勝地區的小田原去拜見吳老師。

海峰追述當年的情形說：

「到了小田原吳老師家，坐定之後，很自然的就談到棋賽的事情，我開門見山向老師請教對付藤澤朋齋的有效手段；老師反問我有何意見。我說：藤澤是『東坡棋』[21]的能手，這一次藤澤拿白子，非常可能要下『東坡棋』吧。」

「吳老師認爲我的推測很合理，並說：藤澤九段每逢重要棋賽，而且是他拿白子的時候，就會下『東坡棋』。」

「吳老師接著說：藤澤東坡棋之所以可怕，是因爲他擅長中盤戰，中盤的殺傷力特別強，使人難於抵擋；而且，下東坡棋的人都是在對方黑子露出破綻時發動猛攻，所以攻勢容易見效。」

「吳老師說著說著，把我引到室內的棋盤旁邊，坐下後，吳老師說他八年前曾和藤澤朋齋對奕過一局東坡棋，嘗過藤澤東坡棋的厲害，敗在藤澤手下。」

「吳老師接著和我對坐著擺譜，把他八年前的那一盤棋依著手順擺了出來，並向我解釋和指

㉑ 東坡棋，相傳是蘇東坡喜歡的一種圍棋戰法；日本棋界稱之爲「模仿棋」；通常是持白子者從初盤布局開始就模仿對手落子，在棋盤的相對位置上，亦步亦趨，進行布局及應對。

點棋局的進展大勢。我十分留神聽著，並不時提出問題或表示我的意見。」

「和吳老師打譜完畢，我告辭出來，在回程火車上，心裡比來時輕鬆多了，雖然，我也知道，到了賽棋那天，藤澤不一定下東坡棋，但是，經過吳老師這一番開示和指點，我覺得對這局棋也沒有什麼可擔心的了。」

破了藤澤的東坡棋

到了棋賽那天，海峰持黑子，他穩紮穩打的以「雪崩」定石[22]著手，走不了幾手棋，他就發覺藤澤果然跟著他亦步亦趨下東坡棋；海峰不動聲色，遂也順勢走下去，直到白六六手，盤面左上角及右下角分別排擠著黑白交錯的一堆棋子，其餘盤面卻是空白，形成一副典型的東坡棋局面。

這時，海峰認爲黑子布局大致完成，應該主動破除藤澤的東坡棋，進行正規戰鬥了。

海峰遂以六七手搶占了棋盤中心的「天元」。

「天元」只有一個，海峰六七手既占了「天元」，藤澤無從再模仿，東坡棋遂被破除了。

㉒「雪崩」定石：圍棋布局的一種格式。

藤澤在東坡棋破除後，以一小時又十九分鐘的長考才決定他的六八手對應，全面交鋒的攻防戰，隨即開始。

經過十多小時的激烈交手與纏鬥，藤澤在海峰黑棋一五九手徹底切斷白棋生機之後，棄子投降，結束了各方矚目的一場大戰。

林海峰竟然推翻了各方人士的預測，奪得名人賽挑戰權。

賽後，棋界專家們發現這局棋竟然可能是圍棋世界有史以來絕無僅有的一局「巧」棋，因爲這局棋從第一手到第七十三手，竟和當時八年之前吳清源和藤澤朋齋對奕的一局棋一模一樣，落子位置與

林海峰（前右）與藤澤朋齋（前左）對奕爭奪「名人賽」挑戰權。

手順絲毫不差，此種情形，如果不是出自對奕者的協議及有意安排，在圍棋史上，確是前所未有而且是不可能發生的。

新聞記者們向海峰探詢何以會發生如此「巧妙」的棋局，海峰說出了他在賽前去拜見吳老師，並經吳老師擺譜講述八年前和藤澤先生對奕的經過；海峰接著說明：他並不是刻意「模仿」吳老師當年的布局及手順，只是，吳老師向他示範並講解棋局時，給他印象太深，以致他到了賽場，不知不覺就照著吳老師當年的手法落子，剛巧藤澤先生又是下東坡棋，一路順勢走下來，才會有了這樣空前的巧事。

海峰曾向來訪的記者們說：他以六七手破除藤澤的東坡棋之後，藤澤先生曾以一小時多的長考才決定他的六八手，可是，說也奇怪，藤澤六八手竟然和他八年前的六八手同一位置，隨後，雙方直到七三手都和八年前一模一樣；由於吳老師當年這盤棋是輸了給藤澤的，所以，海峰說他從七五手開始才是「下自己的棋」，不料卻連番犯錯，幾乎到了無可挽救的危境。突然，藤澤先生大爲失常，似乎已亂了方寸，不斷顯出破綻，讓海峰有了翻盤機會，贏了棋，也贏得了挑戰權。

海峰承認這盤棋贏得僥倖，他認爲藤澤突然表現失常，可能是由於藤澤中途發現這局棋自己早年曾和吳清源對奕過，當年曾贏了吳清源，於今，林海峰七五手以後換了下法，一定是吳、林師徒兩人研究出來的什麼高招，恐怕不好應付吧；心裡既犯嘀咕，思路就難免出岔，藤澤可能就這樣把棋輸掉了。

挑戰——圈內外都不看好他

林海峰竟然讓日本棋界「昭和四十年的新春夢囈」成眞，贏得了第四期名人賽的挑戰權。

接下來的好戲，是林海峰八段挑戰名人坂田榮男。

儘管日本棋界爲林海峰贏得名人賽挑戰權有過一番騷動，卻幾乎沒有人對即將開場的挑戰賽持有任何期待或奇想；因爲，大家都認定林海峰所能造成的「奇蹟」或「夢話」應該到此爲止了，「林海峰旋風」絕對經不起「剃刀」坂田的大手一揮。

當時對林海峰贏得挑戰權最感興奮的是京都棋界；林海峰在日本的圍棋生涯，可以說是從京都開始（入段），在京都成長（初段升到六段），因此，京都棋界一直把林海峰視爲「鄉親」；林海峰贏得名人賽挑戰權，是京都棋界從未有過的盛事。京都的棋友們在藤田梧郎的號召下，特地在京都一家大旅館中爲他舉辦了一次激勵會。在激勵會上，眾棋友異口同聲叮嚀他「開賽以後，千萬不能四連敗呀！」因爲挑戰賽七局棋的第五局預定在關西地區舉行，海峰如果四連敗，挑戰賽即告結束，關西棋友們就無緣看到挑戰大賽的盛況了。

激勵會上的情形，已可看出，即使是挺他最力、盼他成大器最殷切的京都「鄉親」們，也都認定他絕無機會扳倒坂田。

至於海峰自己，雖說出道以來曾經多次創造奇蹟，但面對坂田這樣超強的對手，實在是毫無信心。當時年齡恰好比海峰大一倍的坂田，棋力體力正屆巔峰，在「新聞棋」賽的八項大賽中，他獨占了名人、本因坊等等七大榮銜，號稱「七冠王」；海峰和他曾下過指導棋，簡直是屢戰屢敗，其後在正式棋戰中，曾交手三次，也是三戰皆輸。海峰由於從沒贏過坂田，求勝的心當然不會很強。

挑戰出師不利

挑戰賽第一局於一九六五年七月二十八日，在東京市區福田家旅館揭幕。坂田鄭重其事地接受挑戰，雖然，賽前的各方預測都認爲他衛冕絕無問題，但「新銳」林海峰從九人循環圈中脫穎而出，後生可畏，坂田倒也不敢大意。

第一局，海峰猜子持白，出手就不順，幾乎全程居於下風，賽程第二天晚間挑燈夜戰時，坂田以二二一手粘接上中央右側黑子防線之後，海峰白棋走投無路，棄子投降了。

這局棋，海峰似乎輸得很慌亂，用時完全失控，雙方各可用時十小時的大賽，海峰下到第一五〇手前後就已用到只剩四分鐘了，最後的六十多手棋，是在紀錄員的讀秒聲中匆忙落子的；但坂田卻是從從容容，時間極爲充裕，直到最後，只用了五小時四十分鐘；兩相比較起來，更顯示了坂田穩健沉著的大將風度。

第一局就輸掉，林海峰懊喪萬分，他所有的雄心銳氣似乎都消蝕了；看來，要打敗「無敵將軍」坂田，還眞不容易。挑戰賽還剩六盤棋，要贏四盤才算挑戰成功，那有可能！

第二局訂於第一局後八天，在琉球首府那霸市舉行。

林海峰在出發去那霸的前兩天，發覺自己信心全失，簡直徬徨無計，想想索性再來一次臨陣求師，向吳清源老師求授對付坂田的錦囊妙策。

於是，他又專程去了一趟小田原，拜謁吳老師。

結果，眞的不虛此行，吳老師授給他一道錦囊妙計，他就此開始贏棋。

海峰在兩年後，曾在臺北《中央日報》上寫過一篇短文記述這段往事，他在短文中說：

……我見了吳老師，說明來意後，吳老師微笑著說：我已想到你會來看我，你此番迎戰坂田，我教給你三個字。

接著，吳老師慢條斯理，用日語唸出三個字：平常心。

這是日語中很淺俗的一個詞，意思一聽就懂，但我卻都想不明白這三個字和棋道有何關聯。吳老師接著說：跟坂田下棋，你不要太過於患得患失，應該把心情放鬆；你今年不過二十二、三歲，就有了這樣的成就，老天爺對你已經很厚很厚了，你還急什麼呢？不要怕輸棋，只要懂得從失敗中吸取教訓，那麼，輸棋對你也有好處的。今天失敗一次，明天就多一分取勝把握，何必怕失敗呢？和坂田九段這樣的高手對奕，贏棋輸棋對你都有好處，只看你是否懂得珍惜這份機緣。目前最重要的，是保持平常心，把勝負置之度外；最近這一陣子患得患失，把你的頭都搞昏了！

吳老師的話，真像給我當頭潑下一盆冰水，我的神志陡然清醒，自己也覺得腦中靈光閃閃，智慮澄澈。從小田原吳老師家告辭出來，我輕輕鬆鬆坐上火車回東京，又輕輕鬆鬆坐飛機往琉球，心裡不煩，意也不亂了。

摒除了患得患失之心，林海峰覺得情緒果然穩定了許多，抱持平常心，穩穩當當地經營棋局。

那霸之戰，林海峰持黑子先攻，他採「占取實利」戰略，從序盤布局階段開始，就穩紮穩打地把棋枰四個角逐一占住。

海峰很意外地發現，坂田對海峰搶占四角的布局根本未加理會，卻全力經營棋盤左右兩側的地盤，顯然是要從占邊而逐漸包圍成「大模樣」，試試看占邊是否可以抵得過占角。

這不是坂田慣用的戰法，可能是因爲第一局贏得很輕鬆，坂田多少有點輕敵，遂在第二局時作一次大膽的嘗試，採用「圍空」打法。

坂田一向最擅長的作戰方式，不是主動強力攻擊對方，而是在對方發動強力攻擊時，很機靈巧妙地閃避對方的銳利攻勢，再俟機反擊，因而擁有「突擊手坂田」的稱號。通常，他都是俟機突入對方所圍成的「模樣」之中，大開殺界，搞亂對方陣營，在敵軍七零八落之際全力掃蕩求勝。這是坂田最得意的作戰模式，要說自己圍成大空，讓對方打進來，這不是坂田的棋風。

賽程第一天，海峰黑棋明顯占了優勢，四個角已全部占牢，嚴陣以待一觸即發的中原大戰。

第二天，海峰率先發動攻擊，中間一度因操之過急，險象環生，他苦苦撐住危局，等著坂田稍一失手再全力反攻。雙方激烈衝擊，互有攻守，兩整天，白晝打到晚間，再挑燈夜戰到午夜，才分出勝負。

海峰力戰不懈，最後黑棋盤面上贏了九目，貼出五目，以四目獲勝。

這是海峰在正式棋戰中第一次贏坂田，「遇上坂田必敗」的魔咒終於破除了。

吳清源因健康關係未去那霸現場，在東京聽取戰報擺譜觀戰，得知海峰告捷，吳清源大聲說道：「這一次勝利，對海峰太重要了，像打麻將一樣，他『背』得太久了，現在，總算開了『胡』！」

悲壯與翻盤

第一、二兩局既是平分秋色，第三局北海道之戰的重要性就更爲增加了。大家在賽前都已預料這第三局一定會拚鬥得十分激烈，但結果竟激烈到吳清源所形容的「悲壯慘烈」的程度，卻又是大家所始料未及的。

這局棋，下到第三〇三手才終局。比較一般棋賽要多出好幾十手，棋盤上黑白交錯，密密麻麻排擠得幾乎水洩不通，放眼看去，似乎一個單官都不剩，眞正是打到寸土必爭的地步。兩人苦戰兩天兩夜，直到第三天凌晨二時才罷兵，雙方都把自己的十個小時用到最後一分鐘；下到將近兩百手的時候，雙方都開始「讀秒」，隨後的一百多手棋，是在紀錄員大聲「讀秒」催逼下落子的。兩位棋士不斷地喃喃自語，夾雜在棋子落盤的「啪、啪」聲響中，賽室裡失去了原來的寧靜肅穆氛圍，滿溢著騰騰殺氣。

最緊張的時候，海峰和坂田都在不知不覺間從盤腿正坐的姿勢調整爲跪立哈腰，兩人同時低俯上身，注視棋盤，頭頂幾乎碰在一起。奕棋時煙不離口的坂田，好幾次嘴上啣著一支未點火的香煙，猛抽猛吸，另一支燃著的香煙卻夾在左手指縫裡。林海峰不抽煙，手中卻是一柄摺扇，時開時闔，揮搧不停，一度用力過猛，竟把扇面從中撕斷了，他渾然不覺，繼續揮搖著破扇，直到終局。

好一場天昏地暗、日月無光的激戰；當坂田黑子擺下第三〇三手時，大戰結束，但場中幾十位專家棋士，一時竟看不出誰輸誰贏，直到兩位對奕者排列棋子清點盤面完畢，才發現居然打成平手；棋枰上三六一目地盤，黑棋占一八三目，白棋占一七八目，黑棋貼出五目之後，正好是平分秋色，半目不差。

依據名人賽特訂規程，和棋算作白棋勝。

林海峰「險勝」了這局棋。

這局棋，海峰在開賽當天還曾鬧過一樁險事：

開賽前一晚，大隊人馬已齊集北海道札幌市，住在旅館裡，入夜以後，海峰忽然腹痛、腹瀉、發高燒；經棋賽辦事人員臨時請來醫師，打針吃藥，折騰了大半夜，海峰幾乎沒有闔眼，次日一早，身體虛弱不堪，勉強打起精神進入賽場，迷迷糊糊苦撐了一天，幸而海峰年紀輕，身體底子好，賽程第二天的比賽，體力完全恢復，和坂田纏鬥到第三天凌晨。

這局棋賽，給海峰留下深刻印象；事過數十年之後，在籌劃製作本書時，海峰追述往事，還特別提及臨場生病這一幕，並很幽默地說：

「臨場發病之事，此後在我漫長的圍棋生涯中，又發生過好多次，說也奇怪，我每次遇上臨場發病的情形，那盤棋就贏，眞是不可思議；不知是否因爲身體不適，所以不敢執意求勝，心情放鬆，棋反而下得比較好呢？」

第四局，在九州的福岡舉行。本來被各方認爲將一敗塗地的林海峰，在已賽過的三局中，竟能連勝兩局，海峰自己也覺得很「欣慰」。以一個初出茅廬的年輕挑戰者來說，在「七番勝負」

的挑戰大賽中，能有這樣的成績，已足夠讓人刮目相看了。

心理上負荷很重的反而是坂田，對這第四局，他已感受到「非贏不可」的壓力，這一仗，如果再敗，名人寶座就算已丟掉四分之三。

坂田特別提前一天從東京飛抵福岡，在旅館休息，養精蓄銳應戰。

第四局輪到海峰持黑子先攻。

從布局開始，坂田就明顯地取實利占角，海峰只好取外勢因應。外勢不計算目數，成形以前，得失很難評估，加以海峰開始時布局稍鬆，白棋實利得以擴大，棋勢進入中盤後，海峰黑棋落於下風，處處受制於白棋的強力攻勢，海峰一路苦戰，到了賽程第二天午後，所有在場觀戰的專家們都認爲海峰輸定了。雖然海峰仍在聚精會神的力拚，但研究室裡的觀戰專家們都預期他會中途投降。晚間挑燈夜戰開始後不久，擔任棋證的資深八段老棋士篠原正美在賽場緊鄰的「控室」（研究室）中低聲對《讀賣新聞》人員說：「可能很快就結束了。」說著，「控室」中一大幫人跟著篠原進到賽場。

不料，賽場裡仍在熱戰不休，紀錄員高聲讀秒，兩位棋士都已到了用時極限，手握棋子，在無暇思考的匆忙中，落子如飛，兩人就這樣閃電式的趕下了一百多手棋。

棋賽結束，清點盤面後，棋證篠原八段宣布：

「盤面黑棋贏八目，扣除五貼目後，淨贏三目。」

在場專家們都大感意外，許多人都不清楚林海峰是怎麼「翻盤」的。

這局棋，海峰在驚險萬狀中贏得勝利，他自己並不認爲這是一局精彩棋；但他的「二枚腰」綽號，卻在這一局棋後大噪於日本棋壇了。

挑戰成功　一舉成名

贏了第四局，林海峰心情有了很微妙的變化，他已擁有三勝一敗的絕對優勢，餘下的三盤棋，只要贏一盤就挑戰成功，名人寶座眞的已從最初的「遠在天邊」而逐漸成爲「近在眼前」了。雖然，他不斷提醒自己要保持平常心態迎戰，但在第五局開賽前的十天空檔時間裡，要想把名人賽的事完全拋開，或是要把那一股「有所期待」的興奮心情完全抑制下來，幾乎是不可能的事。

加以，由於第五局早已排定將在關西大阪舉行，關西棋友們興奮得不得了，大家預期海峰挾三連勝之餘威，準能贏得第五局，讓新名人在關西產生，讓關西棋友得以分享這份榮耀。關西棋界準備了盛大的慶祝節目，並邀請海峰提前兩三天到關西接受大家的祝福。關西棋友們的熱忱，更讓海峰心情寧靜不下來。

第五局，雙方都非常愼重，進展緩慢異常，海峰白棋把持優勢很久，一直到賽程第二天午夜前刻，觀戰專家們仍多看好白棋；在場採訪的《讀賣新聞》記者在午夜時給東京總社發了一則電訊，通知總社準備林海峰的照片。這則電訊曾使深夜守候在《讀賣》總社的東京棋迷們以爲林海峰已經贏得名人榮銜而歡呼起來。

午夜過後不久，情勢劇變，坂田在棋局將進入終盤之際，以強硬手段冒險攻入中原地帶的白軍陣地，海峰花了太多力氣經營左下角，對其他地區的防務難免鬆忽，未能及時防堵坂田的突擊，坂田更源源增兵加強攻勢，逼得白軍陣腳大亂，海峰奮力拚鬥了一個多小時，在凌晨一時四分，眼見大勢已去，不得不忍痛認輸了。

大阪這一役，是林海峰最不願意敗戰的地方，此戰未能奪冠，不僅有負京都「鄉親」棋友熱望，自己因此而失去的「衣錦榮歸故里」的機會，也無法彌補了。

第六局於一九六五年九月十八、十九日在北陸石川縣的和倉溫泉舉行。

林海峰決心摒除一切雜念，保持平常心態奕棋。

這局棋，最初階段的進展很正常；可是，過了不久，海峰黑棋在布局中先露破綻，被坂田趁隙猛攻，黑棋相當受窘；攻守過程中，坂田覺得優勢在握，不肯冒進涉險，竟被海峰連用幾招非常手段搶回了機先；坂田發覺情勢不佳，連忙集中兵力，部署全面反攻，決心作孤注一擲。這是賽程第一天的大致戰況。

第二天上午，兩軍主力在中原地區激戰，戰況十分慘烈，坂田白棋主攻，用的是捨身搏命的打法，林海峰一面堅守陣地，一面增援外圍兵力，對坂田白棋發動反包圍。

經過一個上午的慘烈拚鬥，勝負已分，坂田的攻勢失敗，白棋幾乎全軍覆沒。

午餐以後，戰況似乎極不正常，林海峰落子輕快，很少遲疑考慮，坂田卻極其慎重，長考連連，尤其是一六四手，竟長考八十分鐘，開始讀秒了。這時，林海峰用時不過三個多小時，雙方耗時如此懸殊，是兩人對局以來從未有過的事。

棋賽在晚餐後六分鐘即告結束，林海峰大勝，盤面上贏了十七目，貼除五目後，還淨贏十二目。

「七番勝負」的名人挑戰賽至此結束，林海峰賽了六局，成績四勝二負，挑戰成功，贏得名人榮銜，第七局不必賽了。

臺北《聯合報》以「林海峰一舉成名」作爲那天的新聞標題。這一個「名」字，語意雙關，他成了日本圍棋「名人」，同時也名揚天下了。

日本報章雜誌以「二十三歲的少年棋王」稱呼他。

林海峰於一九五二年十月二十九日來日本，經過十二年又十個月的力學苦鬥，終於得到了登峰造極的成就！

林海峰旋風

林海峰擊敗坂田，贏得名人榮銜的那天晚上，日本本州西部正值颱風過境。棋賽賽場所在地的石川縣和倉溫泉，瀕臨西部日本海岸，整夜狂風暴雨，海上巨浪滔天，似乎象徵這一戰給日本棋壇帶來驚天動地的震撼。

當時，新聞電訊在風雨中從和倉溫泉發遍到日本全國。電視台和廣播電台的「新聞速報」節目以及第二天全國各地報紙，競相報導「歷史上最年少圍棋名人誕生」的新聞。

這種情形，在日本極其少見，日本的各項「新聞棋」是由不同的報社分別主辦，某項「新聞棋」賽的有關新聞，由於同業競爭的關係，除了主辦報社之外，其他報社是不會刊登的，從來沒有像這次名人賽這樣全國所有報社一致捧場的情形。

最例外的，是日本全國性大報《朝日新聞》在林海峰贏得名人榮銜的第二天，對一向與它競爭激烈的《讀賣新聞》主辦的這個棋賽結果，不僅登了新聞，還在第一版「天聲人語」專欄中，對林海峰詳加介紹，並給予極佳的品評及推崇。這個專欄格調很高，一向受人重視；以往從沒有以棋界新聞作爲評論題材的。後來，日本棋院發行的《圍棋俱樂部》雜誌還特別轉載了這篇專欄。

《朝日新聞》的專欄指出，林海峰一戰成名的新聞之所以如此轟動，有三個原因：一因他是外國人；二因他只有二十三歲；三因他擊敗的對手是日本棋界號稱「無敵將軍」的坂田榮男。

林海峰「一舉成名」之後，成爲紅極一時的新聞人物，日本報紙雜誌把他捧得像電影明星。全國各地十來種圍棋雜誌，包括日本棋院與關西棋院發行的正式刊物，與民間私營出版商或棋迷編印的期刊，幾乎都出版了「青年名人誕生專號」，其他與圍棋無關的好些暢銷刊物，如《週刊朝日》、《週刊文春》、《週刊現代》等，都刊登了有關林海峰其人其事的專文。有一家一向用影星、歌星做封面的雜誌，甚至用了林海峰的照片做封面。

平步青雲

贏得名人榮銜之後，林海峰在日本棋界的身分、地位以及生活各方面，和以往完全不同了，眞可以用「平步青雲」一詞來形容。

以往，他不過是一位新升段的年輕八段棋士，在位階上，比他高的九段前輩以及比他資深的八段同儕不下數十人，他實在算不了什麼；但一舉成名之後，他成了棋力最強、地位最高的「棋王」，而且，「名人」這個棋王，並不是空頭銜而已，除了一筆高額獎金之外，名人在棋界所受的禮遇及所享有的尊榮，確也是棋界唯我獨尊的等級。

首先，在日本棋院的正式「棋士名鑑」排名上，他列名第一，第二位才是當時本因坊榮銜得主坂田榮男，第三位是十段高川格等榮銜保持者，然後才是按年資深淺排名的九段、八段等，他以二十三歲的年輕八段位階，在棋院正式排名上已領袖群倫，這是日本圍棋界最高的榮譽。

既是排名第一，按棋院規定在任何正式棋賽中，不論持黑持白，不管對手是誰，他必坐上位。

同時，由於日本棋院規定，居住在不同地區的專業棋士，在正式棋賽對奕時，位階較低或相同位階而年資較淺的棋士，必須專程趕往較高段位或較資深的棋士所在地對奕，以示對位階或年資的尊重。林海峰既擁有排名第一的名人榮銜，此後，他參加任何正式棋賽都可以坐鎮在東京棋院本院等著對手來討教，不必四處奔波了。

此外，名人是日本棋院頒授業餘棋士段位證書的當然審查委員。業餘棋士的入段、升段經審查合格後，由棋院發給正式證書，每一張證書上都由名人、或本因坊、或十段三人輪值親筆簽名。日本當年八百萬圍棋人口中，每年都有不少人向棋院申請發給入段或升段證書，其中更不乏政界及工商企業界的重要領袖人物。林海峰是日本圍棋史上最年輕的名人，業餘棋士們莫不希望自己的段位證書上能有這位開創歷史紀錄的名人親筆簽名。

名人所享有的種種榮譽、禮遇及特權，在極端重視歷史傳統及典章制度的日本圍棋世界裡，是非常珍貴，而且非常嚴明的。

甚至在棋賽獎金及對局費等實際收益上，名人的所得也比其他一般棋士優厚許多。

林海峰贏得名人榮銜，獎金是日幣三百萬㉓，這個數額是當時所有新聞棋賽中最高的。專業

㉓名人賽獎金三百萬日圓，是林海峰一九六五年首次贏得《讀賣新聞》主辦的名人賽榮銜時的獎金數額，後來迭經調整提高，名人賽亦於一九七六年起改由《朝日新聞》接辦，二〇〇五年的名人賽獎金數額已經提高至三千七百萬日圓，爲當年林海峰獲獎時的十二倍。玆將當今日本新聞棋重要棋賽的獎金數額記後：

日本現有的重要「新聞棋」賽（按各賽獎金數額排列名次）：

名稱	主辦單位	獎金數額	備註
棋聖	讀賣新聞	四二〇〇萬日圓	・本表所列各項獎金款項包括挑戰賽之對局費在內。
名人	朝日新聞	三七〇〇萬日圓	
本因坊	每日新聞	三二〇〇萬日圓	
十段	產經新聞	一四〇〇萬日圓	・本表錄自日本棋院發行的《二〇〇五年圍棋年鑑》。
天元	三社連合	一五〇〇萬日圓	
王座	日本經濟新聞	一三五〇萬日圓	

棋士的另一項重要收入是新聞棋賽的「對局費」。對局費高低不一，棋院規定：名人、本因坊、十段、棋院選手權四大榮銜的保持人，在保持榮銜的期間內，凡參加任何正式棋賽的對局費一律加兩成。這個數額很難估算，但不在少數，因爲持有榮銜的高段棋士，平均一週內至少要下一盤棋，對局費比一般棋士加兩成，一年下來，數額是很可觀的。

其他如業餘棋士的段位審查費，報章雜誌上的「名人教室」、「名人圍棋講座」等酬金，也是名人榮銜保持者所享有的額外收入。

另一項數額不定，但爲數不會少的額外收入是「指導棋」的酬金。棋院爲了答謝政商各界領袖或社會名流對棋院的支持，時常安排名人與社會各界名流巨公，尤其是工商企業界鉅子等下指導棋，這也是名人榮銜保持者對棋院應盡的義務，不得推辭，指導棋必有酬金，數額不定，依例

（續）

富士通盃	讀賣新聞 富士通	一五〇〇萬日圓
碁聖	新聞圍棋 連盟	七七七萬日圓

由對方奉贈。

隨著名人榮銜的加身，林海峰在生活上，當然也不得不做一些重要調適。首先，他必須趕製一套正式的、傳統的上等和服，並學習穿著和服時行動舉止的正當儀態。日本棋界尊重歷史，講究傳統，尤其名人、本因坊兩大榮銜，都是有歷史背景的傳統名號，這兩大棋賽的規章法度及行事準則等，都是按照傳統作法。服裝方面，棋院唯恐林海峰不知需要穿正式和服出席領獎，因此，由《讀賣新聞》主辦棋賽的山田覆面子通知林海峰及早準備。林海峰得知訊息後，果然大吃一驚，幸好心思縝密的藤田梧郎夫人已經爲海峰準備妥當，讓海峰大爲感動。

這一身講究和服及全套配備，當時以爲只是應景之需，沒想到隨後這些年，林海峰連獲多項榮銜，多次受獎儀式或其他正式社交場合，這一身和服隨著風度翩翩的林海峰，確曾風光過好些年！

名人賽的頒獎儀式，簡單隆重，《讀賣新聞》的創辦人及老闆正力松太郎親自參加並致詞。

正力老先生是當年維護支持吳清源最力的文化界、企業界大老，老先生親自出席致詞，對林海峰鼓勵有加，海峰感到特別親切。

當時，生活上亟需改善的另一要項是住處。

海峰原本住在東京市區御茶之水車站附近一家木造日式公寓，租了一間六疊大的單人房，租金不高，只有空空洞洞的一間房，廁所是公寓住戶共用，沐浴需到外邊的大眾浴室，相當不方便，但這是東京成千上萬年輕單身漢的典型住處，海峰原來也心安理得地住著。

他榮膺圍棋名人後，身分不一樣了，公私訪客很多，媒體記者更是經常登門造訪，這樣的住處，與名人身分很不相當，無法接待來訪的客人。

海峰不得不積極改善居住環境，他用名人賽獎金三百萬日圓，加上原有的全部積蓄一百多萬日圓，共四百八十萬日圓在東京中目黑區一幢新建大廈的三樓買下一套住房，立即搬了進去。

這是海峰在日本第一次置產，他很高興。新居環境不錯，比原來的住處舒適多了。

住進新居之後，他倒是時時提醒自己，千萬不可得意忘形，必須繼續用功，保持不斷進步，一方面準備迎接一年後的名人賽挑戰，一面積極向其他棋賽開疆闢土，圍棋本來就是勝負事業，不勝即敗，沒有妥協空間的。

新名人的謙遜

林海峰挑戰名人獲勝，陡然之間，有了名望，有了地位，有了可觀的收入，這突如其來的大變動，對飽經人生憂患顛簸的林海峰，在心理上，有何影響呢？

這是很讓一些人好奇，卻也更讓一些愛護他的人擔心的事。

大家所好奇或擔心的，無非是林海峰於今一步登天，坐上了名人寶座，棋院的規章與傳統的禮俗，賦予了名人至高的榮譽與特權，林海峰既在其位，當然他就有權享受這一切；只是，在當今棋界，他畢竟是晚生後輩，在行爲舉止上，是否應該保留一些，不應該得意忘形吧？

結果，事實證明，這些人都是過慮了；林海峰並沒有花太長時間，就化解了大家的疑慮。

事情是這樣的：

在他贏獲名人榮銜後兩個多星期，一九六五年十月七日，他預定有一盤本因坊預賽，對手是棋院中部總本部的大長老資深九段島村俊廣。棋賽日期是早就排定的，當時林海峰是八段棋士，按理兩人對奕應該由林海峰從東京專程去中部總本部所在地的名古屋，以示對高段位資深棋士的尊重；當時，島村肯定這盤棋賽將在名古屋舉行，遂把心愛女兒的于歸大禮日子訂在棋賽的次日；但卻沒想到林海峰竟然把「常勝將軍」坂田打敗了，奪得了名人榮冠。

林海峰成了名人，依據棋院規定，島村雖是資深九段，也得專程到東京去向名人「請教」。但愛女婚禮在即，做父親的不能就近照應，已經讓島村深感困擾；萬一棋局拖得很晚，不能趕回名古屋主持婚禮，豈不更糟！

島村九段正焦急懊惱不知如何是好的時候，新名人林海峰聽說此事，馬上關照棋院，這局棋改在名古屋中部總本部舉行，他將「移駕」名古屋去應戰。同時，林海峰親自致電島村，說他要到名古屋去向島村父女道喜，棋戰改在名古屋舉行。

林海峰這個超乎常情的舉動，贏得島村九段與他的家人和親友的無限感激，在棋界更是馬上傳開，贏得大家一致稱頌。

第二年初夏，新科名人破格尊老敬賢的事例又重演了一次：

一九六六年四月十三日，《朝日新聞》主辦的十傑賽決勝戰在東京棋院本院舉行，名人林海峰對十段高川格。按棋院規定，對奕時，林海峰名人當然是坐在背靠對奕室神龕的上座，但高川是曾經九度連任本因坊，而且是當時十段榮銜保持者的資深高段棋士，年紀比林海峰長一倍有餘（高川當時年五十，林海峰年二十三），這是林海峰榮膺名人後首次和高川交手。棋賽當天，林海峰刻意稍稍提早進入賽場，高川尚未到，林海峰在下手座位上坐了下來，等著高川入場。

高川是棋界最講究禮數的前輩棋士，他走進賽場，一見名人已經先到了，而且坐在下手座，愧急萬分，連聲道歉之餘，並極力推擁林海峰坐到上座去。林海峰卻輕鬆自如地表示既已坐定，不必換坐了。眼看棋賽開始時間已到，棋證與紀錄員均已就位，但林海峰堅持不肯換座，這局棋就以名人坐在下位開始。事情傳出後，棋界不僅不以林海峰不守棋院規章責備他，反而對他尊老敬賢的作風力加讚揚。棋院發行的正式刊物《棋道》雜誌上撰文評論此事說：

敗而不餒，是我們大和民族具有的傳統精神，但，勝而不驕，恐怕是只有在中國文化陶冶下才能養成的美德了。

以上兩次事例，都是林海峰自己想到就做了，並沒有人提醒他或告訴他該如此做，他當時更沒有想到他這樣做竟然受到日本棋界的如此重視及稱許。多年後，海峰談及這兩局棋，他說當時只是覺得自己破格做了一件應該做的事，所以心情非常怡然舒坦，賽場氣氛也很平和輕鬆，結果，兩局棋他都贏了，在棋枰上，心情眞可能會直接影響到棋局的。

凱旋歸國

林海峰二十三歲贏獲圍棋名人榮銜，在日本造成了極大轟動；當時，在日本之外，還有另一個地方也曾爲他成名而轟動一時，而且，其轟動程度，較之日本，尤有過之。

這個地方，是臺灣。

林海峰去日本之前，「圍棋神童」在臺灣就享有很高的知名度。十歲時，他背負著家人及國人的熱切期望與祝福，隻身去日本學棋；海峰初抵日本時所忍受的孤寂苦楚，國人並不知道，三年後，傳回第一通喜訊：神童入段了，接著，不出半年，就升了兩段，海峰曾應邀回臺接受慶賀，造成了一陣熱潮；以後，海峰段位繼續升高，下棋很忙，不常回國，但國人並沒有忘記他，一直惦念著在日本棋壇孤軍奮鬥的「神童」。

一九六五年七月中旬，臺灣幾家大報上分別刊出東京傳來的電訊：

林海峰力克藤澤「十段」，

榮獲「名人戰」挑戰資格

這可不得了，臺灣全島爲之沸騰！

其實，絕大多數國人並不懂圍棋，當然更不知道「本因坊」、「名人」這些專有名詞的含義，但看到「林海峰力克某某」或「林海峰榮獲某賽挑戰權」……這類消息，就知道林海峰又打了勝仗，大家興奮萬分，爭著看報。

一九六〇年代中期的臺灣，電視似乎只有初創的「臺視」一家，新聞傳播的功能不大，國人的新聞資訊來源，主要是靠報紙。

由於國人對林海峰棋賽新聞的高度關心，臺灣各大報特別加強有關的報導，對名人挑戰的「七番勝負」幾局棋，臺灣報紙都有現場採訪及詳細報導，各報之間競爭激烈，在報導上都力求快速詳盡，尤其在林海峰一局又一局的傳來捷報，接近最後勝利的時候，國人的興奮情緒達到了最高點，甚至有讀者迫不及待的深夜守在報社門前等候日本傳來的消息。

林海峰挑戰成功，榮膺日本圍棋「名人」，這一股圍棋熱潮在臺灣沸騰了好一陣子。臺北中國圍棋協會決定頒贈「國手」名號給林海峰，邀請他回國接受。

林海峰於一九六六年一月底，在吳清源老師、藤田梧郎夫婦及女棋士本田輝子五段等的陪同下，自東京返臺。

「國手」匾額頒贈儀式很盛大，由圍棋協會理事長周至柔將軍主持，行政院秘書長陳雪屏等均親臨參加。

獲頒「國手」稱號，海峰非常高興，這是繼吳清源老師十多年前獲頒「大國手」稱號後的第二人，海峰引以爲榮。「國手」匾額一直掛在他東京寓所中。

尤其讓他引以爲殊榮的，是蔣介石總統曾特別接見他。由吳清源老師陪同，他當面向蔣總統報告贏獲名人榮冠的經過。雖然多年前，他升段回國的時候，曾謁見過蔣總統，但這次答覆蔣總統的垂詢，能和蔣總統對談，仍讓他感念不已。

他有幸同時見到了蔣夫人宋美齡女士，印象中，蔣夫人看起來比她的實際年齡年輕許多，好美。

林海峰認爲這次回國是凱旋歸國；他十歲到日本，十三年後贏獲名人榮銜，他沒有辜負國人的期望，終能以成果報答國人，自己也覺得無限快慰。

林海峰在國內停留了兩個星期，大部分時間在作圍棋活動，下了許多盤指導棋，也常爲別人的棋局作講評。

林海峰與蔣夫人宋美齡合影。

這兩個星期，他把臺灣帶進了前所未曾有過的圍棋熱潮之中；三、四個月前他苦戰坂田的那六局挑戰賽，經由臺灣報紙的現場採訪及詳細記述報導，引起了整個臺灣社會的高度興趣與關注，於今更見到林海峰本人「凱旋歸國」，國人視他爲英雄，青少年們奉他爲偶像。

林海峰返回日本後，他在臺灣所引起的圍棋熱潮並未消失或退燒，加以他在日本棋壇愈戰愈勇，連年創建佳績，在名人戰中首度優勝後，連續十年都在幾項大棋賽的決賽中出場，不是挑戰便是衛冕，前後一共榮膺八屆名人、五屆本因坊，並在其他棋戰中，也是最活躍的一人。他在日本棋壇所造成的「林海峰時代」的光與熱，常年不斷地映照著臺灣。

林海峰以名人榮銜作爲他報答國人愛護栽培的最高成果，充分顯現了他飲水思源的本性與敦厚；但他對臺灣的回饋與報答絕不止此；要說他對臺灣的最大貢獻，應當是他以自己在日本的努力與成就作爲示範，讓臺灣喜歡圍棋的青少年們得到了鼓勵與信心，讓大家相信，只要肯認眞學習，力求上進，必有出人頭地的一天。林海峰領頭爲喜歡圍棋的孩子們探索出一條成功之路。受了他精神的感召，跟著他的腳步先後到日本學棋的孩子已有二、三十人，其中如：王立誠、王銘琬以及近一兩年快速躍起的新銳張栩，都已有了出類拔萃的表現與成就。

這些都是後話。

五戰坂田

二戰坂田：名人首度衛冕

林海峰結束臺灣訪問後回到日本，馬上恢復了停歇已兩個多星期的忙碌棋戰生活。剛回日本後的一陣子手風不順，一個月內接連輸掉了本因坊循環圈內爭奪挑戰權的三盤棋，被淘汰出圈。林海峰很在意這三連敗，好不容易才打進循環圈，卻未能守住，實在可惜。

時序漸次進入夏天，他得全神戒備迎接名人榮銜的衛冕戰。

名人賽的挑戰者是坂田。

對於坂田捲土重來，林海峰雖未感到十分意外，卻也不禁暗自佩服坂田眞不愧爲能征慣戰的一代高手；年前失去名人寶座，隨即在循環圈中力克群雄而贏得挑戰權，足見剃刀坂田不僅雄風未減，而且，不服輸的鬥志仍然激奮高昂，這樣的特質，不正是任何傑出專業棋士不可或缺的嗎？

日本棋界對坂田和林海峰的兩度相逢交手，也有著很高的期待，一方面是大家覺得坂田以「七冠王」之雄，竟然會敗在一個年輕八段之手，丟掉了棋界最高榮銜，是否確如坂田所說因牙周病拔牙的困擾，影響體力及精神而致輸棋。假如眞是如此，坂田應該有一次「討回公道」的機會，以示公平競技；另一方面，大家也預期兩雄再度交手，戰況肯定要比年前的初度交手精彩，雙方都有備而來，與年前「不期而遇」的情形應該不一樣的吧！

在各方熱切企盼中，第五屆名人賽「七番勝負」挑戰賽第一局，於一九六六年八月五、六日兩天，在東京「福田家」旅館舉行。

棋賽開始，林海峰猜子持白，坂田黑棋先攻。

兩小時後，總講評人吳清源應現場採訪記者之請，做了第一次解說。

吳清源對雙方的布局大勢，作了一番剖析，特別提到坂田的第三十三手。吳清源說：坂田落在（8六）位置的三十三手，是一步絕妙好棋，既可穩住左角陣地，又可遙攻右下角的新地盤。

吳清源在研究室棋枰上擺子，指著這三十三手說：這一類棋，原是林海峰的得意手法與棋路，坂田現在運用得如此神妙，可見坂田先生一年來對林海峰的棋路已經下過研究功夫了。（坂田於一年前失去名人榮銜後，曾在日本棋院發行的《棋道》雜誌上撰文檢討自己戰敗的原因，說他過去對林海峰「研究不足」，以致交手時屢感意外，窮於應付云云。）

賽棋第一天的戰況，坂田快攻，林海峰穩守。

第二天上午，林海峰搶得了主動，全力反撲，雙方展開全力攻防。中午休戰午餐時，吳清源發表戰報：大規模戰鬥已經結束，雙方互有得失，誰也沒有占到便宜，全役勝負，將決定於下午的地區戰鬥。

下午，大家預料棋局已到最後階段，觀戰的人越來越多，賽場鄰室的研究室裡擠進來一、二十位高手，藤澤朋齋、藤澤秀行、山部俊郎、大竹英雄、木谷禮子（當時的女流本因坊，後來嫁給同門師弟小林光一，是小林泉美的生母，張栩的岳母，現已過世。）等等都到了。高手們三三兩兩分成幾個小組，各據一個棋盤打起譜來，研究賽場中的棋局變化。

晚餐休兵時，高手們透露出來的訊息，都說林海峰白棋不妙，可能要輸兩三目。

晚餐後繼續作戰，觀戰高手們越看越確定白棋已無獲勝機會，戰鬥地區只剩中原一小塊地方，變化已經有限，大局決定了。

挑燈夜戰後不久，賽場內出現了新情況：大家認爲已經勝券在握的坂田，在一九三手的時候，忽然停兵不前，鎖眉長思，而且，似乎越思考越難於落子，半小時、一小時、一小時半、兩小時，直到兩小時十六分，創下他少有的長考紀錄，才在（9七）的位置落子。

晚間十時左右，以藤澤朋齋爲主的小組首先放出「可能翻盤」的訊息，白棋似已死裡逃生，目前勝負難分，如果白棋繼續好轉，可望「和棋」險勝。

接著，山部俊郎九段和大竹英雄八段等的一組，打譜打出了同樣結論。

深夜十一時〇五分，奕到二九四手終局，林海峰白棋果然以「和棋」勝。

這緊張慘烈的一役，林海峰贏得驚險而意外，但對坂田來說，這一敗，卻是他出師不利的壞兆頭，坂田志在必得的銳氣，受到極大折損。

第二局，一星期後在北海道的札幌市舉行。

林海峰持黑子主攻，他做了兩個新嘗試：一是以「秀策流」展開堂皇布局，有計畫地先把兵力部署妥當，然後發動攻擊；另一嘗試是以攻爲守，把握主動，不斷領先出擊，改變他一向擅用的穩紮穩打戰法。

中盤以後，戰況激烈，雙方纏鬥不休，一直打到三百三十三手才終局，林海峰黑棋以五目獲勝。這局棋，林海峰一路領先，氣勢極壯，中途雖曾數度遇險，都經他一一化解了。

林海峰賽後毫不掩飾他的得意心情，坦率朗爽地表示這是他「很滿意的一盤棋」。

第三局，一星期後在日本南部九州靠海的古老小城柳川舉行。

林海峰持白子，很早第二十八手就出了問題，搞得彆扭萬狀，千方百計仍不能衝出困境，他

不肯認輸，纏鬥到底，奮戰兩天兩夜，第三日清晨零時五分終局，以一目之差輸了。

林海峰十分懊惱，但吳清源和坂田在戰後都著實對海峰誇獎了一番，認爲他雖敗猶榮，棋下得不錯。

坂田在贏棋後對記者們承認「贏得十分吃力」。坂田當眾望著林海峰說：

「一直到末盤收官，我還算著可以贏兩目，什麼時候又給你追上一目了？」

第四局，十天後在關西名刹高野山金剛寺舉行。

關西是林海峰早年久居的「家鄉」，賽前兩天，關西的哥兒們就催他先回關西敘舊。熱鬧了兩天，他把第三局輸棋的懊喪心情拋開了。關西棋友們給他打氣，「保證」他這第四局準贏，因爲他持黑子，自從和坂田在名人賽交手以來，他拿黑子從未輸過。

不知道坂田是否也受了這「黑子魔咒」的影響，他似乎已有預感情勢不利，索性把勝負置之度外，心平氣和地奕棋，以往在緊要關頭爆發出來的那股騰騰殺氣始終未出現。結果坂田輸了，卻下了一盤好棋。

總講評人吳清源認爲坂田在這盤棋中攻守有方，進退得宜，是這兩年名人賽中最好的一盤棋。可惜終盤的官子沒有收好，竟以四目輸了。

一週後的第五局，在北陸地方的高岡市舉行。坂田處在一勝三敗的惡劣情勢下，顯然已無心戀戰，剩下三局棋，除非全勝，否則是沒有希望奪回名人寶座了。

開賽前一天晚間，照例由《讀賣新聞》北陸分社設盛宴款待兩位對奕的棋士及東京來的棋賽有關人員。坂田喝了很多酒，酒後說了很多話，不但表示對第二天的棋賽不存取勝希望，而且還說準備提前退休。坂田滿腔感慨，但沒有藉酒發飆，反而很親切地稱呼坐在旁邊的林海峰爲「這位厲害小子」，並且預言林海峰將來在圍棋上的成就會青出於藍，超過吳清源。

一向豪氣干雲的坂田，那天晚上完全是一副英雄氣短模樣。

第二天，戰幕揭開，坂田持黑子主攻，攻勢自始就毫無銳氣，林海峰沉著應戰，兩天鏖戰結果，林海峰贏了九目。

名人賽第五期的「七番勝負」挑戰大賽就這樣結束了，林海峰以四勝一敗的耀眼戰績衛冕成功，蟬聯名人榮銜。

林海峰時代來臨

林海峰衛冕成功的消息，與他一年前奪得名人榮銜時一樣震驚了日本棋壇。在挑戰賽之前，絕大多數的棋評專家都預料坂田必會奪回寶座；至少，沒有人預料到林海峰會以四比一的絕對優勢，打敗坂田。

衛冕戰後，坂田沒有再抱怨是身體不適，也沒有再說林海峰是僥倖獲勝。棋評家濱田有樂子在日本棋院發行的《圍棋俱樂部》雜誌上，撰文評林海峰衛冕戰的經過時，曾說：「這次衛冕戰後，他才成爲實至名歸的棋王。」言外之意，林海峰在衛冕戰前的棋王號稱，是有「名」無實的。

主辦名人賽的《讀賣新聞》刊登林海峰衛冕成功的消息，用的是橫欄大字標題，醒目地寫著：「圍棋界進入年輕的林海峰時代！」

這有如一聲巨雷，震耳欲聾地昭告圍棋界：一個新的時代來臨了，舊時代即將結束。熟悉棋壇掌故的人，不勝感慨地在回溯「二戰」結束以來日本棋壇霸業世代交替的歷史：最先是吳清源獨霸天下，接著是高川格連任本因坊九年，隨後是坂田榮男的七冠王；現在，坂田時代將成爲過眼雲煙，年輕的「林海峰時代」誕生了。

林海峰對於這些蜂擁而來的頌讚和榮譽，並沒有太多的閒暇去欣賞。這一年的年初，他曾回國休假，入夏以後，又全力應付名人賽的挑戰賽，積擱了很多的棋賽，他不得不加緊趕補。這一年的後半年，他有時忙得在一週內要下兩盤大棋。

大忙的結果，戰績輝煌，正好爲剛揭幕的「林海峰時代」錦上添花。

他在衛冕名人成功後的下半年內，贏得了《朝日新聞》主辦的「十傑賽」的「十傑首座」；並在本因坊賽的預賽中連勝三位強敵，再度打進了他曾被淘汰出來的本因坊賽循環圈；在年底時，更是連中三元，連續贏得了「棋院選手權」、「王座」及「東京新聞杯」三個新聞棋賽的挑戰權或決賽權。

最使棋界震懾的，是他在日本棋院每年統計保存的所有棋士的四項戰績紀錄中，全部占總首位，這四項紀錄是：

一、**對局數的紀錄**：他在這一年內，參加正式棋賽五十一局，是所有棋士中最活躍的一位。

二、**勝數的紀錄**：林海峰在這五十一局棋賽中，勝了四十局。這個數字，比第二位的藤澤秀行（勝二十八局）與第三位的坂田榮男（勝二十七局），都高出很多，而且，這更是日本棋院歷年檔案中的一個新紀錄。

三、**勝率的紀錄**：林海峰全年四十勝十一敗，勝率爲百分之七八·四，是高段棋士中勝率最高的。其他名手的勝率都不高，坂田居於第七位，勝率爲百分之六二·八；藤澤秀行、高川格、藤澤朋齋等名手，都排在十名以外了。

四、**連勝的紀錄**：海峰在三月到七月間，連勝十六局棋，居第一位；後來又曾連勝六局，再度列名於前十名之中。

日本棋院所屬的「秀哉賞審查委員會」基於林海峰這些輝煌戰果和紀錄，選他爲這一年的

「秀哉賞」得主，讓他又多了一個榮銜。

第二年，一九六七年初，圍棋名評論家江崎誠致在《棋道》雜誌上撰寫「昭和之棋」連載專文，談到一九六六年內的棋界風雲時，開頭第一句話就是：「林海峰的巨影，蓋罩著日本棋界，……」江崎說：「有人認爲這是林海峰功成名就的一年，我不以爲然，我認爲這只是林海峰鋒芒初露，旭日剛升，要說林海峰的『功』與『名』將『成就』到如何程度？今天還無人敢預料呢！」

三戰坂田：問鼎本因坊

林海峰穩坐名人寶座之後，雄心勃勃地惦念著另一個有歷史意義的大榮銜：本因坊。日本「新聞棋」賽的所有榮銜中，名人與本因坊是最高的；傳統上，名人尤在本因坊之上，但《每日新聞》主辦的新制本因坊賽，在新制名人賽之前，歷史比較早，棋界中人重視本因坊，並不稍遜於對名人；這兩大榮銜，能得其一已算登峰造極；可是，如果僅得其一，而未能兩者並兼，卻又未免美中不足。

坂田曾有兩年兼得名人、本因坊雙料榮銜，棋界人人稱羨。因之，林海峰贏得名人榮銜後，自然要把本因坊視爲下一個積極問鼎的目標。

林海峰對本因坊的經營，似乎比經營名人賽還要艱苦。一九六四年，他同時打進了名人、本

因坊兩賽的循環圈；但這一年他在兩賽循環圈內戰績都不理想，名人賽循環戰四勝四敗，勉強得以保留在圈內；本因坊賽循環戰卻遭淘汰打出了圈外。

這是他在本因坊賽的第一次進出。

第二年，也就是他贏得名人榮銜的一九六五年，他二度打進了本因坊賽循環圈。

但進入圈內的循環戰並不順手，他二度遭淘汰。

同一年冬天，他第三度打進本因坊循環圈。

次年——一九六七年開春以後，圈內循環戰開始。

說也奇怪，這一次循環戰手風特順，三個月內賽了六局，六戰皆捷，未等到第七局開賽，他就把挑戰權搶奪在手了。

這時，盤踞在本因坊寶座上的，正是和他在名人賽中兩度打過「七番勝負」大戰的坂田榮男。

坂田盤踞本因坊寶座已經連續六年，這次是他第七度衛冕。

這一次挑戰大賽，棋界中人多看好林海峰，他已連續兩年在名人大賽中擊敗坂田，前一陣子在爭奪本因坊挑戰權的時候，又六戰皆捷打敗六位高手，眞是氣勢如虹，所向披靡，看來坂田是擋不住他了。

本因坊二十二屆挑戰大賽，於一九六七年五月初旬開始。

非常出人意外，聲勢正旺的林海峰，意然一上場就連輸三盤，讓日本棋界爲之錯愕不已。

在「新聞棋」七番勝負的大賽中一上場就三連敗，這是林海峰出道以來從未有過的事情，棋界既感意外又納悶，細心觀察的人認爲海峰可能是情緒上有問題，吳清源老師評論這幾局棋時，很不客氣地對林海峰說了幾句重話：「海峰最近下棋，心浮氣躁，有不穩定和輕率跡象。」吳清源推測林海峰「可能心裡有煩惱，所以精神緊張」。

曾經連任本因坊九年、和林海峰甚爲接近的高川格九段說：「林海峰今年（一九六七年）下棋的態度，和去年不一樣，他今年的精神不如去年安定。」

友人把吳老師和高川九段評論他的話告訴林海峰，海峰頗爲吃驚，但他對自己三連敗的事也說不出原因，只推託是「手氣不好」。

連輸三局之後，林海峰打起精神，全力出戰，第四局，大贏，贏了十四目半。

林海峰第四局扳回一城，第五局卻未能再接再厲，以十目半輸掉了。

本因坊第二十二屆挑戰賽就此結束，林海峰挑戰失敗。

四戰坂田：名人二度衛冕

林海峰挑戰本因坊失敗後一個月，稍稍調息了一陣，另一場七番勝負的大戰又在等著他。這是他第二度爲名人榮銜衛冕。

這也是他和坂田三年來在新聞棋七番勝負大賽中第四度交手，相同對手交戰如此密集，眞所謂冤家路窄吧！

挑戰賽第一局，於一九六七年八月九日，在東京福田家旅館舉行。

通常，在東京舉行新聞棋的重大比賽，到現場觀戰的專家就不會少，何況，此次是當今棋壇兩大天王四度交手的拉鋸戰，更是難得一見的盛事，觀棋的人眾多，自在意料之中；賽程第二天，連諾貝爾文學獎得主川端康成老先生都親臨現場觀戰來了。

川端老人本是一位大棋迷，和吳清源下過「五子棋」，曾是「文人本因坊」獎的得主，也曾寫過《名人》及《吳清源棋話》等與圍棋有關的名著；他老人家爲了看這局棋賽，特地從鎌倉家中到東京住進福田家旅館來，爲賽場帶來另一番轟動。福田家客房這兩天本來已被《讀賣新聞》全部包下，不接受其他住客，但福田家長年爲日本當時兩位諾貝爾獎得主保留了一套專用客房（當時另一位諾貝爾獎得主是物理學獎的湯川秀樹），川端先生來，不必事先預訂也有專屬客房可住。

這局棋，雙方都是強攻猛打，棋勢一直緊張激烈，結果，林海峰黑棋贏了兩目。

林海峰這一勝很重要，《讀賣新聞》報導說：這一局先勝，已使林海峰「在本因坊賽中一上場就連輸三盤的陰霾一掃而空」。

林海峰接著又贏了第二、第三兩局。

坂田第四局奮力扳回一城，但第五局又敗在林海峰手下。名人賽第六屆挑戰大賽至此結束，林海峰二度衛冕成功。

此次名人挑戰賽，林海峰以四勝一敗的優勢擊敗了坂田，剛巧和兩個多月前在本因坊挑戰賽中，坂田以四勝一敗的優勢打敗了他的情形完全一樣，在相隔不到三個月的兩次大戰中，兩人賓主易位交戰，竟造成如此相似的結果，甚至兩人都是一上場就連輸三盤，終致彼此挑戰失敗。如此的巧合，確也讓棋迷們感到意外及好奇，難怪大家納悶：棋枰上高手對搏的勝負，真有這許多不可解的事例嗎？

五戰坂田・空前大長考

林海峰在名人賽中再度衛冕成功，創下了新制名人賽三連霸的新紀錄。

接著，他在升段賽「大手合」中連勝兩局，順利升爲九段。

這在當年又是一項新紀錄，二十五歲半的林海峰，成爲日本棋院創立以來升到九段的最年輕棋士。他從一九五五年四月入段，經過十二年半的時間，完成了升段的全部過程。

本來，在各種不同名目的新聞棋先後設立之後，段位已遠不及新聞棋的各項榮銜吃香了，棋士們只要有眞實功力，贏得榮銜，就名利雙收，很少人去注意棋士段位的高低了。

可是，在日本棋院廢止原來的大手合升段制度以前，在一般專業棋士眼中，大手合升段卻是表徵他們功力、地位和年資的標竿；棋士的段位是永久性的，不像新聞棋榮銜那樣每年一度競爭，競爭失敗就要換人。因此，棋士們在升到九段以前，對「大手合」仍是鄭重其事，不肯放

鬆。不少棋士在升段過程中屢受挫折，卻仍然兢兢業業，鼓起餘勇以求升段。和林海峰同年升九段的老棋士岩本薰，已經六十五歲了，而且，在此二十多年前，他是七段的時候，就曾兩度贏獲本因坊榮銜，但他從八段升為九段，卻花了十九年時間，老岩本從未懈怠過，不折不撓，最後終於達成殷望；棋界曾為他升九段大大慶祝了一番。

林海峰升九段後，全部精神集中在本因坊賽的循環戰上。

一九六八年四月初，本因坊循環圈內的七仗打完，林海峰以六勝一敗的優異戰績，贏得了挑戰權，二度向本因坊坂田挑戰。

這也是林海峰和坂田在四年內的第五次大決戰。

挑戰賽第一局，林海峰持白子，輸了。

賽後，海峰自認這局棋輸得並不冤枉：「一開始就在四個角上失利，一路用力追趕，仍未能挽回。」

第二局，林海峰贏了，他自己說「贏得僥倖」。

曾在日本棋界創建過多項新紀錄的林海峰，在這局棋中，他又建立了一項新紀錄：新聞棋賽中最長考的紀錄——三小時又三分鐘。

在當時每人用時限十小時的棋賽中，一手棋竟長考三小時多，實在有點讓人匪夷所思，但他當時是棋界的一流高手，大家都相信他這樣做必有他的道理，尤其他贏了這盤棋，於是，大家都認爲他之贏棋，定與這一手「超長考棋」有關，賽後，甚至有專家對這手棋大加讚揚，稱之爲「奇妙的三三手」。

事後，有人向林海峰探詢這手「超長考棋」的奧妙，經海峰詳細解說，卻眞是出人意表，原來由於海峰研判敵情錯誤，不但白白浪費了寶貴的三個多小時，還幾乎把整盤棋都弄輸了。

當時開賽不太久，坂田下了第三十二手，林海峰很快就決定他的三三手在（16十一）位置上，但林海峰並未落子，卻先考慮他這一手下去之後，坂田將如何回應，林海峰推斷坂田一定會在他三三手上方（16十）回應，那將造成非常複雜的變化，林海峰把這些可能變化在腦海中一一分析，不知不覺陷入長考，一些看棋的人不知道他考慮的是坂田三四手以後的變化，卻誤會他是考慮三三手。最讓海峰懊惱的是：坂田後來並沒有在海峰預料他落子的地方回應，卻在海峰三三手下方落子，因此，海峰三小時多的超長考時間完全白費，反而被白棋吃掉一大塊地盤，差點把整盤棋輸掉了。

海峰這一手超長考棋，列入了新聞棋的最長考紀錄；此紀錄多年後才被武宮正樹九段打破，武宮一手棋曾創下長考了五小時的紀錄。

這盤棋，後來因坂田接連出錯，才讓林海峰有了翻盤機會，「僥倖」贏棋。

棋賽結束後第二天，有新聞記者去訪問林海峰，問他：

「昨天這局棋，有人說你贏得僥倖，是嗎？」

「是的，這局棋，不是我贏他，是他輸給我。」

「哦？你贏他，他輸給你，結果還不是一樣，有分別嗎？」

「有分別！結果雖然是一樣，但原因不一樣。這就是圍棋，這樣的例子是很多的。」

一、二兩局打成平手，接下來的幾盤棋也形成拉鋸戰，林海峰贏了第三局，坂田贏了第四局；林海峰贏第五局，坂田贏了第六局；兩人你來我往地交替輸贏，打得難解難分。

「七番勝負」的挑戰賽，打到第六局仍然未分勝負，三度平手，可見雙方勢均力敵，剃刀坂田硬是制伏不了林海峰的二枚腰。這樣長時間的纏鬥，消耗體力甚大，對於年近半百的坂田比較不利，在第六局的中途，坂田就曾一度體力不支，幾乎暈倒，當場找醫生打了兩針，才支持到終局。

但坂田剃刀畢竟未老，他贏了這第六局。

決定最後勝利誰屬的第七局，在各方高度關注下開戰。

林海峰猜子，持白。

坂田持黑先攻。

坂田從序盤開始，就和他一貫的打法不一樣，棋勢不像以往那麼咄咄逼人，海峰也就順勢平平穩穩地走下去，逐漸占了上風。不料，到了終盤的時候，海峰本應補一手，卻一時失神，造成大錯，讓坂田有了打劫並且施展「勝負手段」翻盤的機會。海峰落子之後，立刻發覺大事不好，心中暗罵自己糊塗，卻不敢形之於色，只好盯著棋盤，苦思脫困之道。

可是非常意外的，坂田並沒有搶著抓子打劫，卻聚精會神地思考了好一陣，最後竟然決定放棄打劫，轉到其他地方部署收官去了。海峰一時也弄不明白坂田何以會放鬆此一手，但坂田既已放棄打劫，海峰不敢怠慢，立即落子把打劫危機解除。隨後，海峰一路搶先，終局以二目半獲勝。

這一勝，海峰從坂田手中奪下了本因坊榮銜。

海峰在終局後才得知坂田當時即已發現有打劫的大好機會，但坂田顯然不相信海峰在此緊要關頭會犯如此嚴重的錯誤，他懷疑海峰已經想好了破解打劫危機的辦法，因而布下陷阱誘他深入，坂田唯恐中計，遂放棄打劫，而另謀其他進攻目標去了。

輸了這一局，坂田非常痛心，他不僅失去了已連續盤踞七年的本因坊寶座，而且，他一心想要在本因坊賽中打破高川格「九連霸」紀錄的雄心也幻滅了。而最讓坂田懊惱的，是這一關鍵局的最後階段，他原已有了一舉翻盤致勝的機會，卻因自己多疑而失去良機，令他悔恨不已。

據說坂田當晚曾因此通宵失眠。

名人本因坊海峰

「本因坊」原是十六世紀中葉日本「戰國時代」一位和尚的法號；這位日海和尚精於圍棋，棋力高超，曾開山授徒，結成一股勢力，成爲當年圍棋界強有力的「四大家元」之一的「本因坊家」。此一名號，相沿至今已四百多年。

一九四一年中日戰爭期間，日本棋院得到第二十一代本因坊秀哉的同意，將「本因坊」這個名號奉贈給日本棋院，由棋院委託《每日新聞》社主辦「新制本因坊賽」，每年一屆，由專業棋士公開競爭此項榮銜。棋院爲尊重佛門本因坊家傳統，規定凡贏得本因坊榮銜的棋士，在擁有此項榮銜期間，必須象徵性地改名行世。因此，從新制第一屆本因坊榮銜得主關山利一改名爲關山利仙、第二屆橋本宇太郎改名爲橋本昭宇，隨後下傳到高川格改名爲高川秀格、坂田榮男改名爲坂田榮壽等等都是。

林海峰是第一位贏獲本因坊榮銜的外國人，日本棋院不便要求林海峰改名，但又恪於必須改名的傳統，當時，頗讓主辦單位爲難了好一陣。

後來，得高人指點，以「海峰」這個名字已充分具有佛門涵意，可以通融續用，不必改名了。所以，林海峰先後五屆榮膺本因坊，一直未改名。

但在林海峰以後贏獲此項榮銜的日本棋士，卻不能援海峰之例，仍然必須改名，如石田芳夫改名爲石田秀芳、武宮正樹改名爲武宮秀樹、加藤正夫改名爲加藤劍正等。

此項改名規定，直到一九八〇年（昭和五十五年）第三十五屆本因坊賽時才廢止；此後的本因坊得主，不論日本籍或外國籍都不必改名了。

以上是有關本因坊榮銜的一段史話。

當年，林海峰挑戰成功，贏獲第二十三屆本因坊榮銜的時候，正在他「三連霸」名人榮銜任內，這段期間，他擁有日本棋界最高的名人、本因坊雙料榮銜，成爲新聞棋新制下繼「名人本因

贏了本因坊就得穿和服。

林海峰得名人、本因坊兩名銜後，到本因坊秀哉墓前致敬。

坊坂田榮壽」之後，享有此項殊榮的「名人本因坊林海峰」。

此時此際，他成爲名正言順的日本棋界第一人了。

雙冠棋王　心想事成

林海峰於一九六八年六月贏得本因坊榮銜，成爲雙冠棋王，他高興萬分，這是他三年前贏得名人後一直夢寐嚮往的一項榮譽，於今果然心想事成了。

在新聞棋各項大賽一年一屆公開競爭的新制度下，要想長久保持一個大榮銜是非常困難的。林海峰於一九六八年六月奪得本因坊榮銜成爲雙冠棋王後不過三個多月，就在同年十月間的第七屆名人賽中衛冕失敗，把名人榮銜輸了給老將高川格。

曾在本因坊賽中創下「九連霸」紀錄的高川，無冠在野已八、九年，此次竟然東山再起，打敗棋勢正旺的林海峰，卻也給棋界帶來一陣錯愕。

林海峰對自己把榮銜輸了給高川，多少也有些許意外，卻是輸得心服口服；他當時曾公開對

高川的棋藝大力推崇說：

「高川先生的棋，屬於『平明流』系統，不咄咄逼人，卻在坦坦蕩蕩中逼壓過來就把棋贏去了；他和坂田先生的剛強勇猛，恰相對照，雖然每每被坂田先生的氣勢所懾服，但他在棋界第一人的地位卻是屹立不搖的。」

第二年，林海峰在名人循環圈中奮力苦戰，奪得了一九六九年的挑戰權，隨即以四勝二敗戰績，又從高川手中奪回了名人榮銜，重登雙冠棋王寶座。

次年——一九七〇年，變動又起，名人賽挑戰權由藤澤秀行九段贏得，藤澤挑戰獲勝，林海峰再度失去名人榮冠。

藤澤秀行是日本「大正棋士」群中一位怪傑（日本當代傑出棋士中有兩位藤澤，一是藤澤秀行，一是藤澤朋齋，兩人是叔姪關係；出生於大正十四年——一九二五年的秀行年紀較輕，輩分卻比朋齋高一輩），秀行天分高，棋力強，但性格獨特，是棋界一位卓犖不羈的人物，曾是新制名人賽第一屆的榮銜得主，後來又在「棋聖戰」中創下「六連霸」的優異紀錄。

秀行對年輕棋士的拉拔提攜不遺餘力，曾在東京阿佐谷住宅內設置「秀行塾」，經常邀集年輕棋士舉行研究會，打譜切磋棋藝。林海峰和大竹英雄等少年棋士是「秀行塾」研究會的固定成員。

藤澤秀行素爲年輕一輩棋士們所崇拜愛戴，他對林海峰極爲照拂提攜，海峰在棋藝上確曾受益良多；藤澤奕棋，每每不依照一般傳統下法那樣搶先圍住一些地盤，爭取實利，再仔細經營；他屬於「厚重派」，喜歡以厚重手法去搶攻對手所圍占的地盤。他的棋路和棋壇另一高手坂田榮男正好針鋒相對，坂田屬於「實利派」。

「實利派」所占地盤大小是可以計算的；「厚重派」卻無法計算自己所占地盤的大小，全憑一種「感覺」去研判情勢，藤澤這方面的「感覺」特別敏銳精確，林海峰承認他在這些方面受藤澤的教誨獲益不少。

藤澤秀行是林海峰在前輩棋士中交往最多也最熟悉的一位，兩人在一九七〇年第九屆名人挑

戰賽交手之前，從沒有在七番勝負的大賽中較量過，此次相遇，海峰以二勝四敗輸掉名人榮銜。

失去了名人榮銜，林海峰「雙冠棋王」的榮耀又中止了。

接著第二年——一九七一年，海峰挑戰，又把名人榮冠奪了回來；但就在這一年，他在三年連續榮膺本因坊之後，卻在這一年的衛冕戰中失敗了，本因坊榮冠被新銳石田芳夫七段奪走，「雙冠棋王」的榮耀仍未能保住。

在新制新聞棋的激烈爭奪下，棋士要在同一年份擁有名人、本因坊雙冠，實在是十分困難的事情。林海峰總共得過八屆名人、五屆本因坊，但兩冠重疊的年份，嚴格講來，只有一九六九年——第八屆名人與第二十四屆本因坊——這麼一次，其餘幾次都是兩冠的頭尾重疊罷了。

新制新聞棋開辦以來，二十世紀內的「雙冠棋王」只有三位，坂田榮男是第一位（一九六三、六四年重疊），林海峰是第二位，第三位是趙治勳（一九八一、八二年重疊）；及至二十一世紀，新世代的少年英雄張栩於二〇〇四年成爲新世紀的「雙冠棋王」，可惜於二〇〇五年本因坊衛冕失敗，雙冠只維持了一年。

獨鬥木谷門

結婚・成家

一九六七年，二十五歲的林海峰在棋壇上風頭正健，他完成了名人賽的第一次衛冕，並以六連勝的銳勢奪得本因坊賽的挑戰權，雄心勃勃地指向坂田本因坊挑戰，眼看即將奪下棋界的兩個最高榮銜，榮登棋界第一人的寶座。

突然，在毫無心理準備的情況下，他一腳踏進了一個完全陌生的無形場景之中，把他弄得手足失措，一時不知如何是好。

原來，這個一直在全心全意經營棋戰的大孩子，闖進了不知如何適應的情場。

林海峰在棋藝方面是超早熟的，所以二十三歲就得了名人，但在情場上，卻屬於遲滯開發的類型，已經二十五歲了，棋壇上已經功成名就，經濟上已有相當基礎，一表人才，風度翩翩，是多少青春少女眼中的白馬王子，但他自己卻終日沉潛在黑白棋子的勝負之中，懵然不知情愛爲何物。

臺灣方面的親友們可爲他急得不得了，都希望他早點成家，安定下來，以便專心在棋壇上求發展。

臺灣親友們見他一直沒有動靜，不耐久等，只好出面代爲物色。

一九六七年初夏，海峰父親生前的好友袁惕素從臺北來東京探望他。

這位袁伯伯，當時是臺北中國圍棋協會的秘書長，海峰早年常看到袁伯伯來家和父親下棋，袁伯伯非常喜歡海峰，把海峰當作子姪看待。

袁伯伯到東京後，一天趁海峰沒有棋賽，要帶他到大阪訪友，海峰毫無心理準備地跟著去了，抵達之後，才知道是來相親。

當年，青年男女經由親友安排相親而締結姻緣是很正常的事，海峰到了那兒，也就順其自然的和對方的家人子弟一塊打桌球，他和對方小姐雖是初識，言談之間，十分投緣。

交談之下，海峰才知道對方原是他在大阪中華學校唸書時一位同班同學的妹妹。當時中華學校同學年一班學生不過三十人左右，海峰和她姊姊很熟，依稀記得當年有一個小五歲的妹妹時常跟在身邊。

海峰回想當年的情形說：在此次相親以前，他從沒有想過結婚的事，在他腦海之中，很微妙地牢記著一樁事情：他當年升段回臺灣晉見蔣介石總統和蔣夫人的時候，蔣夫人曾對他說：「升九段以前不能結婚囉。」當然，蔣夫人不會過問棋界的事情，更不會干預海峰的終身大事，她不過是隨便說說罷了，但很奇怪的，海峰自己卻從此下定決心，升九段以前絕不結婚。

說來也眞奇妙，他被帶到大阪相親的時候，恰是升九段的那一年。他自己不禁也覺得時機這麼巧合，看來眞是該結婚了！

海峰既有了結婚的念頭，相親的對象也十分滿意，一樁美滿姻緣已有了眉目，袁伯伯高高興興回臺北向親友們報喜訊去了。

海峰當時相親的對象——後來成爲他終身伴侶的王來弟，出身我國旅日僑界名門，來弟全家

僑居大阪多年，父親王雙領先生祖籍江蘇鎮江，原爲大阪華僑總會會長，熱心公益，並兼任大阪中華學校董事長，是極孚人望的名門大戶。來弟是王雙領膝下三千金的最小女兒；來弟的命名，是王雙領夫婦在連生三個女兒之後，亟望生男孩，遂按中國傳統習俗，爲最小的女兒取名「來弟」，結果，這個名字取得眞好，第四個孩子眞的就是男孩，全家歡喜，來弟也就很樂意的一直沿用這個帶給全家喜訊的名字。

海峰和來弟認識之後，兩人「秘密」交往了將近兩年，才傳出訂婚的喜訊。其實，兩人的交往，並沒有刻意保密，只因海峰一向行事低調，不願公開張揚，加以來弟家居大阪，海峰的棋界朋友們都沒有想到海峰會在關西大阪有了女朋友。

兩人交往期間，唯一一次引起大家猜疑的，是一九六七年五、六月間，兩人剛認識不久，恰逢海峰第一次挑戰本因坊，棋勢正旺的海峰，一上場來竟連輸三盤，結果勉強拖到第五局，就以四敗一勝的大差距，被坂田打下了擂台。海峰如此失常，棋界大爲錯愕，吳清源老師和棋界老將高川格九段等，都看出海峰「最近下棋心浮氣躁，顯得不穩定和輕率」，大家推想他可能是太過勞累，卻沒有人想到這位在棋藝上超早熟的大男孩，到了二十五歲才情竇初開而有了少年維特的煩惱。

行事低調的海峰，對訂婚一事原來也打算低調處理，但臺北的親友們堅決不同意，甚至臺北政府官方也認爲海峰在我國既擁有「國手」稱號，在日本擁有「名人本因坊」榮銜，訂婚對象又是我國旅日大僑領——大阪華僑總會會長的千金，如此堂皇光彩的大喜事，豈可低調處理！於是，臺北方面極力邀約海峰和來弟回臺灣來舉辦盛大的訂婚典禮。

海峰拗不過臺北親友的熱情堅持，同意回臺北訂婚。

訂婚典禮辦得十分隆重，而且熱鬧非凡，當

林海峰（右一）、王來弟（右二）及來弟母親謁見當時的副總統嚴家淦，敦請嚴副總統為他們訂婚福證。

海峰、來弟從東京出發到關島結婚。

時的副總統嚴家淦擔任訂婚典禮的證婚人。

海峰訂婚的時候，他在棋壇的聲勢正屆巔峰，一身兼擁著名人、本因坊兩大榮銜，緊迫繁忙的重要棋戰，加上雙冠棋王身分所不可免的公開交誼活動與應酬，逼壓得他根本沒有餘暇來打理自己的終身大事，一直到訂婚兩年後的一九七一年十二月裡，才偷空瞞著東京、臺北兩地的親朋棋友，帶著未婚妻來弟及她的家人，飛到關島去舉行寧靜的教堂婚禮。

莊嚴肅穆的結婚儀式，主持婚禮的當地牧師卻是赤足穿著拖鞋，確也讓兩位新人大爲吃驚而且印象深刻。

婚後回日本，到了大阪娘家，以王家在大阪

的身分地位，可不能免俗，「華僑式」的回門喜筵，場面浩大，各路來賓賀客不下千人！

結婚，當然就是「成家」了。

在結婚以前，海峰對家庭的觀念是相當模糊的，記憶中，他幾乎從沒有享受過正常的家庭生活，出生在對日抗戰期間的上海，幼兒時期跟著父母親逃難避難；三歲多避難到臺灣，四歲喪母，十歲離家隻身到日本學棋，十三歲喪父，此後一直到結婚以前，他在日本幾乎全是過著寄人籬下的生活。

成家後的海峰，在新奇興奮之餘，對於「另一半」來弟經營他倆共有的這個新家，感到十分滿意。

應該是命運之神有意彌補他婚前半輩子不知家庭幸福為何物的欠缺，因而賜給他婚後一個幸福美滿的家庭。

出身富裕之家的來弟，毫無養尊處優的千金小姐習氣，主持家務井井有條，婚後數十年來，海峰在圍棋事務之外，所有繁瑣家庭俗雜事務甚至兒女教養等等，都不必操心，統統交由來弟打理；同時，完全不懂圍棋的來弟，卻也溶入了他的圍棋生涯之中，她從不過問他下棋的事，卻和他的棋界師友或後輩門生等相處得極好。來弟出身大家庭，喜歡熱鬧，從不以棋友們來家聚會切磋棋藝的喧譁爲苦，來弟好客，待人親切，又能燒一手好菜，棋友們甚至有藉口切磋棋藝而到林府來大快朵頤的。

海峰夫婦育有一子兩女，都已成年，海峰在兒女成年後，從臺灣收了張栩和林子淵兩名「內弟子」，海峰完全按照日本棋界收「內弟子」的傳統方式教養張、林兩名徒弟，讓徒弟住進家中，他負責教棋，「師母」來弟負責照顧兩個孩子的生活起居，來弟絲毫不以爲苦，把兩個徒弟當作親生兒女看待，不懂棋的來弟，做起「內弟子」的師母來，有模有樣，弟子自是感恩不盡，海峰也不禁對來弟的表現暗自稱許。

年輕棋士崛起

林海峰自一九六五年登上「名人」棋王寶座之後，在隨後的十年中，他個人「獨占」著名人擂台，不是衛冕，就是挑戰；十年奮戰，七度贏得榮銜，三度衛冕失敗；以後隔了兩年，一九七七年他捲土重來，挑戰獲勝，重登名人寶座，總共榮膺八屆名人。

本因坊賽，他出道較晚，得名人後三年（一九六八年）才首度贏獲本因坊。他在本因坊賽中所遇波折較多，前後十七年中（一九六八至一九八五）數度得得失失，前後榮膺五屆本因坊。

在林海峰最活躍的十多年中間，他和當代棋壇高手都曾交手過，交手最多的是坂田榮男、藤澤秀行、高川格及藤澤朋齋等頂尖高手。這些高手們，都比他年長，而且年長許多，全是「大正時期」（一九一二——一九一六）出生的棋士（見註⑦、⑧、⑨）。這段期間，正是「大正棋士」最風光的時期。

一九六九年，二十七歲的林海峰聲勢正屆巔峰，一身兼膺名人、本因坊兩大榮銜，是棋界公

認的年輕「雙冠棋王」，這一年四月間，棋界發生一樁讓人震撼的大事：本因坊循環賽結束，贏得挑戰權向林海峰挑戰的是年僅二十二歲的五段棋士加藤正夫。

加藤是新制本因坊賽創辦以來最年輕的挑戰者，要是他挑戰成功，他將是比林海峰二十三歲得名人還要年輕的棋界兩大賽的冠軍得主，棋界以極大的關心注視著此次本因坊挑戰賽的進行，前輩棋士們心裡嘀咕著：棋界莫非眞要改朝換代了嗎？

迎戰二十二歲的加藤，林海峰起初並不十分在意，出道四、五年來，他和許多一流高手都曾交手過，對任何對手都可從容應戰，不會有太大戒心，只是，說來也眞奇怪，這一次，對加藤的挑戰，林海峰內心深處卻似有一種忐忑不安的感覺，這是他出道以來第一次遇上比他年輕的對手在兩大賽中爭奪榮冠。

以往，在重大榮冠的爭奪戰中，他的對手都是資深前輩棋士，在心理上，他知道不一定能贏，卻並不怕輸；由於不怕輸棋，所以就能心平氣和的專心下棋。可是，這次迎戰加藤，情況卻反過來了，加藤和他相差五歲，初出茅廬卻來勢洶洶，可以毫無顧忌的捨身相搏，倒是林海峰心裡七上八下，不斷嘀咕著自己身爲「雙冠棋王」，可不能輸給這後生小子呀！

挑戰賽開始，林海峰盡量保持平常心應戰，他很快就發覺，年輕的加藤果然在許多方面和老一輩棋士不同。加藤奕棋步調快，殺法猛，力道強，棋風潑辣，因此，海峰也不得不改變棋風，力拚硬幹起來。

兩人存心硬幹，倒也乾淨俐落，「七番勝負」的挑戰賽，下了六局就結束了，海峰以四勝二敗衛冕成功。六盤棋中，沒有一盤拖到讀秒，多半是在賽程第二天午後，晚飯之前就分出了勝負。六盤棋中，只有一盤是下到終局，五盤都是中押結束。

二十二歲的加藤雖然挑戰失敗㉔，但在「雙冠棋王」林海峰的手下能得到二勝四敗的戰績，

㉔ 加藤初次挑戰本因坊雖然失敗，但他未負眾望，往後戰績輝煌，成就驚人，活躍棋壇數十年，先後榮任兩屆名人、四屆本因坊、七屆十段、四屆天元、十一屆王座，後爲日本棋院理事長；二〇〇四年臺灣棋院舉辦第一屆中環杯世界圍棋錦標賽，加藤親自擔任日本代表團團長，率團來臺參賽，此後不久，加藤在東京

應可說是雖敗猶榮的。他是緊跟著林海峰腳步將「昭和棋士」帶上棋界兩大榮銜爭奪戰第一線來的新世代棋士。

加藤是木谷道場出身，是吳清源棋壇老友木谷實的內弟子；木谷老先生爲了培育圍棋人才，曾親赴日本全國各地探求圍棋天分特優的兒童，收爲內弟子，到木谷道場學棋；加藤十二歲入道場受教，十七歲入段，很早就嶄露頭角，二十歲時升爲四段不久就打進了本因坊循環圈，是十分引人注意的一顆新星；加藤棋風強悍，屬於強攻狠打的一型，二十二歲贏得本因坊挑戰權，確也給棋界帶來一陣小震動。

當年，二十二歲的加藤贏得本因坊挑戰權這件事，在棋界雖然只造成一陣小震動，但對那些和他一起在「木谷道場」受教的少年棋士們所帶來的鼓舞與刺激卻是強烈得多了。在此五年前，林海峰二十三歲贏得名人榮銜，已給年輕棋士們帶來一番大刺激，於今，加藤再度破除了年限的

（續）

突以腦血管梗塞猝逝，得年五十八歲。

迷思，他的一夥同門師兄弟更是個個奮力用功，不甘落後了。

加藤挑戰失敗的次年——一九七〇年，坂田九段挑戰，未成功；再過一年，贏得挑戰權的，竟是比加藤還小一歲的石田芳夫七段。

林海峰贏得本因坊後的三年內，竟遇上了兩位比他年輕的挑戰者，這讓他警覺到自己不再是棋界孤獨的「青年軍」，少年棋士的時代已經逼近眉睫。

一九七一年四月間，本因坊挑戰賽第一局在東京近郊的風景勝地箱根舉行，林海峰接受石田七段挑戰；海峰贏了這局棋，兩天棋賽之後，他雖沒有感到特別疲累，但見到石田卻是生龍活虎如無事人兒一般，他才驀然發覺自己體力比這位年輕對手差多了。

那天深夜，兩天的棋賽結束後，海峰和石田與另兩位在場的友人在旅館房間內打麻將㉕；海

㉕ 日本專業棋士在重大棋賽深夜結束後，往往因為兩天棋戰激烈，情緒緊張，用腦過度，一時無法入眠，必須設法使神經放鬆，讓精神漸次恢復平靜後始能入睡，於是，有的人飲酒成醉，有的人玩日本將棋消遣，

峰由於第二天和棋證高川九段等約好去打高爾夫，當晚打了幾圈麻將就提前告退去睡覺了。第二天早上起床後，海峰發現石田他們還在打牌，已打了一個通宵；當海峰和高川等準備出發打球的時候，石田忽然說：「打高爾夫，我一起去。」這是石田生平第一次打高爾夫，成績雖然一塌糊塗，但石田精神旺盛，體力充足，興致勃勃地打完了十八個洞；等到回程到了新宿，石田忽然又

（續）

林海峰遇此情形，則約人打麻將。最初，海峰在重要棋賽後深夜尚玩麻將消遣的消息傳到國內，臺北親友們不明實情，曾函電交加力誡海峰應保重身體，不可貪玩好賭而損及健康，後經海峰婉轉說明，臺灣親友們方才釋然。

林海峰與石田芳夫。

說：「現在要去打保齡球。」

林海峰看了石田這一天的表現，心裡感觸很深，想想出道以來，下棋對手都是年紀較長的前輩，自己從沒有感到體力不如人，如今碰上石田這樣的年輕對手，卻難免自愧不如人了。氣勢上有了落差，心理上就難免覺得處處受制於人。

七番勝負的這場挑戰賽，前三局賽完，海峰還是二勝一敗領先，但接下去卻是三連敗。最讓人惋惜的是最後第六局，只輸半目，卻把本因坊榮銜輸掉了。

二十二歲的石田七段第一次挑戰，就把本因坊榮銜搶奪到手，當時確也讓棋界大為吃驚。

林海峰失去本因坊榮銜，心裡很不自在，他並不是輸不起，最近兩三年在名人賽中，他和高川、藤澤都曾發生過榮冠得而復失、失而復得的「拉鋸戰」，他並未感到特別難受，頗能以「勝負兵家常事」視之，但石田芳夫比他年輕資淺，初次交手就失去榮冠，總覺得心裡不舒暢。

他認眞檢討和石田所下的六盤棋，發現石田的棋風和他完全不同，行事風格也極不相似，兩人似乎是天生互不相容的對手。石田在棋界有「人間電腦」之稱，終盤情勢算計精確明快，無人

能及。

林海峰本來也是擅於經營棋局終盤的高手，他常刻意讓棋局延續到終盤去決勝負，以便發揮自己所長，但遇上石田這位對手，這一套戰法就不靈了。

林海峰曾想到，應付石田這樣的對手，必須在中盤就把勝勢敲定，不讓棋局勝負拖到終盤，可是，速戰速決並不是海峰慣用的戰法，過分勉強自己，常常使棋局陷入危境。

林海峰雖然初戰石田就失去了本因坊，但他的實力並未衰退，在隨後的兩年中，他在循環圈中仍然力克群雄，連續奪得一九七二、七三年的挑戰權，向石田挑戰。可是，弔詭的是：他似乎遇上石田就束手無策了，連續兩年挑戰，都未成功，尤其七三年的挑戰，竟是一上場就「四連敗」，讓石田以四比零的絕對優勢保住了榮冠。

至此，林海峰知道，石田也許就是他命中的剋星，他不可能從石田手中奪回本因坊榮冠了。

事實果真如此，林海峰被石田奪去的本因坊榮冠，直到十二年之後，才從趙治勳手中奪回來，海峰又連任了兩屆；連同最初的「三連霸」，海峰的紀錄是通算榮任五屆本因坊。

罕見的九連敗

林海峰被石田奪去本因坊榮銜後的第三年——一九七三年秋天，石田贏得了當年名人賽（第十二屆）的挑戰權，揮戈指向林海峰名人挑戰來了。

挑戰賽於八月下旬開始。此時，正是林海峰氣勢最遜、心情最低檔的時候。

林海峰和石田在本因坊賽中纏鬥三年（一九七一至一九七三），三年連敗，七一年失掉榮冠，七二、七三年連續兩度挑戰失利，林海峰內心底處對石田產生了一種莫名的不快感，不願意再遇上他，更不願意和他交手。但，偏偏在本因坊賽後兩個多月，名人挑戰賽就開始，賓主易位，海峰爲名人榮冠衛冕，接受石田挑戰。

身心俱疲的林海峰，勉強打起精神來應戰。

圍棋原是一種複雜微妙的心靈鬥智，心存雜念，本就是奕棋者的大忌；情緒不佳，必然更影響戰力，林海峰對石田既有了不悅之感，在棋枰上對壘當然就很難保持正常。

影響所及，七番勝負的名人挑戰大賽，林海峰一上來就連輸三局，引起了棋界的一番大騷動及議論。

其實，連輸三局的所謂三連敗甚至四連敗，在專業棋士的公開棋戰中，並不算是什麼罕見的稀奇事，棋壇往例，所在多有，林海峰本人就曾不止一次的有過這樣紀錄。

但此次情況不同，林海峰此次的三連敗，是緊接在兩個多月前他在本因坊挑戰賽中的四連敗之後，兩者相加，應是七連敗；前後不到五個月的短暫時間內，兩位當代頂尖高手對奕，竟出現七連敗的情形，自不能說是尋常事。而且，要是把一年前本因坊挑戰賽最後兩局的敗戰相加，通算起來，海峰對石田竟是九連敗了，在日本圍棋史上，應該算是一項少見的紀錄，自然會引起人們的訝異及談論。

當時，在各方人士對林海峰異乎尋常的九連敗議論紛紛時，曾有人指說這應該是日本棋界公開棋戰的新紀錄，但經吳清源出面糾正，吳先生說在日本棋界紀錄中，兩位專業高手對奕連勝的最高紀錄是十一連勝，這紀錄就是吳先生自己所締造，對手是當年的本因坊高川格；那是一九五二年——昭和二十七年，正是吳清源獨霸日本棋壇的時代。當時每年的本因坊榮銜得主，需和吳清源對奕三局，稱爲「吳對本因坊三番棋」，以見高下。高川一九五二年贏得本因坊，和吳對局，三盤連輸；第二年高川連任本因坊，和吳對局，又連輸三盤；接連四年（高川曾連任本因坊九年），直到第四度「三番棋」的最後一局，高川才勝了一盤，這是高川十一連敗以後的勝利。吳清源與同一對手而締造「十一連勝」的紀錄，迄今未被人打破。

只是，吳清源「十一連勝」的紀錄，是前後四年才達成，而林海峰卻是在不到一年的時間內，就遭受了九連敗，一般看來，海峰的情況比當年的高川要差得多。

林海峰於一九六五年一戰成「名」，至此時是第九年，出道以來，光芒四射，不想，就在他聲勢如日中天的巔峰時刻，忽然崩敗下來，是否會就此一蹶不振了？

當時，確也有人指出：林海峰二十三歲成「名」，出道早，而且成長快速，八年之中，就囊括了別人費時二、三十年也不一定能取得的成果；早開的花，凋落得快，這本是大自然的律則，林海峰似乎很難例外；試想他在「雙冠棋王」的巔峰狀況下，首先被石田奪去本因坊，連續兩年挑戰也未能奪回，可見其棋勢已是強弩之末，於今名人衛冕戰已是三連敗，榮冠已是搖搖欲墜，不僅棋王寶座難保，光輝戰績恐怕將一去不返了。

三連敗後的林海峰，突然發覺自己成爲眾人談論紛紛的焦點人物，心裡很不自在；對於自己爲什麼會在兩個多月前的本因坊戰及當前的名人戰中接連輸掉對石田的七盤棋，他也說不出原因；但他並不相信自己棋力在衰退，因爲，就在這兩場大賽之間，他和別的高手在其他新聞棋中賽過五盤棋，贏了四盤，其中包括十段賽中贏了橋本昌二九段、王座賽內贏了鯛中新九段等，足見他的實力仍在，棋戰仍是贏多輸少，爲什麼遇上石田就贏不了他？別人覺得奇怪，林海峰自己也說不出所以然。

曾有人當面向他探詢過，海峰總是苦笑著說「手氣不好」，他從未以身體不適或臨時傷風感冒等藉口，來掩飾自己連敗的尷尬。

在幾乎沒有人相信他還有可能保得住名人榮銜的低迷氣氛中，已經三連敗的林海峰，倒是坦然地迎向他的背水之戰。

他當然知道，衛冕成功的希望已是微乎其微，既已有了九連敗的紀錄，這背水一戰造成十連敗自是極有可能，但他絕不輕易放棄，他自信功力未失，前一陣子和其他高手的五戰四勝中，既能勝過橋本、鯛中等九段高手，則此戰對石田，自亦有可能獲勝。

海峰自己假設，七連敗或九連敗的造成，主要原因可能就在他把石田當作「特別對手」看待，極力避免和石田纏鬥到末盤收官，而放棄了自己最擅長的「二枚腰」戰法；其實，海峰的中盤比石田下得好，「二枚腰」末盤收官的功力也不見得比「人間電腦」的石田差多少，他只要不把石田看作「特別對手」，對這背水一戰，就像和其他高手對局一樣，盡力發揮自己所擅長的「二枚腰」功夫，纏鬥到底，贏棋的機會仍是很大的。

三連敗後，海峰並不奢望還能保住名人榮冠，但他卻以最大決心要贏得這第四局，以免「十連敗」的不光彩紀錄永遠留在日本圍棋史上。

另一方面，石田挾三連勝、七連勝、九連勝之餘威，卻也迫切希望一鼓作氣就把名人榮冠奪下來；雖然他已把名人榮冠視爲唾手即得的囊中物，未來的四局棋只要贏一局就可得榮冠，但他仍急切希望能贏這第四局，以免他對林海峰的連勝紀錄中斷；石田當然想到：對林海峰這位當代一流高手，如能締造出十連勝甚至更多連勝紀錄來，在日本圍棋史上，必然是大放異彩的一件事。

由於雙方對這第四局都志在必贏，絕不放鬆，緊張劇烈的戰鬥，自是意料中事。

史上空前的大逆轉

第四局，雙方都全力求勝，十分緊張。

起初，棋界並不十分在意，因爲，大家都認爲此次挑戰賽高潮已過，林海峰絕無可能保住榮冠了。

林海峰輪番持白子，石田持黑先攻。

事前曾有人對海峰在這局關鍵棋賽中持白子而爲他擔心，因爲，多數專業棋士都喜歡持黑子，掌握先機，以免受制於人。林海峰對於持白子倒是並不避諱，他常提及當年首次挑戰坂田名人時，他之所以能夠挑戰成功，全靠北海道一役持白子而以和棋得勝，決定了挑戰大局，從此他把白子當作自己的「吉利子」看待，毫不避諱。

對這第四局的作戰策略，海峰決定不再把石田視爲「特別對手」，保持平常心，恢復自己一貫的「步調」推展戰局；只是在時間分配上稍作調整，多留一點時間作爲末盤收官之用，以免忙中出錯，而讓這「人間電腦」占去便宜。

兩天激烈鏖戰結果，雙方勢均力敵，打成平手；「吉利子」故事重演，海峰白子以和棋獲勝。

賽事完畢後，海峰發覺他在時間分配上所做的調整，的確發揮了致勝功能。棋賽結束時，海峰還剩時二十分鐘，可見他的確保留了充裕時間作爲收官之用；反之石田卻已用到只剩一分鐘[26]，時

㉖ 棋賽用時規定：對奕者可以「永遠」保有最後一分鐘，只要他在最後那一分鐘之內落子，就不計時，以後各手，他一直有一分鐘可用，直到棋賽結束。譬如，當年的名人賽，每人限時十小時，對奕時，每一手棋用時多少，都有計時員當場紀錄，當棋士用到九小時五十九分鐘之際，計時員會大聲警告：某某先生只剩一分鐘了！計時員隨即開始高聲讀秒：「一秒，二秒，三秒……」大聲催促，棋士如果在六十秒之內落下棋子，這一手棋的用時不計算，這位棋士的下一手棋，仍有一分鐘可用，直到棋賽結束。這一分鐘，棋壇稱之爲「永遠的最後一分鐘」。

間逼促，「人間電腦」也難免忙中有錯，倒不如林海峰「人腦」之穩紮穩打了。

第四局海峰贏棋，對整個大局的實際影響不大，石田仍以三勝一敗的絕對優勢領先，海峰衛冕仍是岌岌可危；可是，這個結果，對兩位當事人在心理上卻發生了極微妙的重大影響。受影響較大的應該是石田，九連勝的銳氣受挫，十連勝的榮景破滅，而且，這一敗是敗在和棋，難免讓敗者感到憾恨，影響鬥志。

反之，海峰這一勝，破除了一年多來對石田屢戰屢敗的魔咒，解除了十連敗的夢魘壓力，心情輕鬆，所剩的三局，已沒有「不能再輸」或「非贏不可」的壓力，只要保持平常心，勉力而爲就是了。

第五局，石田的心情顯然比林海峰沉重，又遇上他患感冒，精神體力都受影響；海峰的初

（續）棋士在最後一分鐘受大聲讀秒催促，很少人能不受影響的，最嚴重者，會被催吵得方寸大亂，無法思考。日本棋壇老將高川格九段最怕讀秒，曾說：平生奕棋，絕不讓自己拖到讀秒階段。

盤、中盤本來就比石田下得好，本局持黑子，很早就掌握了主動，兩天苦戰下來，未等到收官就已勝負分明，石田不待終局就棄子投降了。兩人都剩時一小時多。

第六局，海峰輪番持白子，石田先攻。

石田連輸兩局，心情大受影響，眼看絕對優勢已失，這第六局成了他「非贏不可」的關鍵局，萬一輸掉，則前此的三連勝優勢即化爲烏有了。

林海峰對這第六局，當然也難免「怦然心動」，對此局，他的求勝之心遠比前兩局時強烈；如果能贏此局，就成三比三平手，他將從絕對劣勢上升到「五五波」的對等局面，可以和石田對等爭奪最後勝利了。

雙方都全力求勝，自是寸土必爭。

兩天激戰結果，黑白占地平分秋色，又打成平手；持白子的林海峰再度以和棋獲勝。

「七番勝負」的名人挑戰大賽中，一開始就三連敗的林海峰，竟然打出了三連勝的對等局面，棋界大爲震驚，群相嘖嘖稱奇。

「天王山」大決戰的第七局，頓時成爲各方矚目的焦點。

其實「七番勝負」大賽中，打到第七局才爭奪最後勝利的例子並不少，但是，一開始就三連敗，突然翻身三連勝而進入第七局決賽的例子，過去卻不曾有過。許多能征慣戰的高手在一開始就三連敗之後，即信心全失，無心再戰，在所餘四盤棋之中，能贏一局就算很不錯，連贏三局，是前所未有過的事。

第七局，在東京日本棋院舉行。

主辦棋賽的《讀賣新聞》預期到場觀戰的專家及棋迷必然眾多，爲了保持賽場的肅靜及維持觀戰群眾的秩序，特地由棋院在大樓內做了一些布置及安排。

賽場設在五樓「幽玄之間」，五樓電梯出口處豎立著一面大牌子，寫明嚴禁與棋賽無關的人等入內；牌上附註一行小字：爲避免人聲干擾，專業棋士們也請在樓下觀戰或打譜，祈勿進入云云（通常，專業棋士們是受歡迎進到賽室隔鄰的「控室」中研究討論戰局的）。

五樓通往以上各樓層的扶梯上，也都掛著棋院特製的肅靜牌，寫著「名人戰在進行中，務請保持肅靜」字樣。

其實，棋院及主辦單位絕不是不歡迎專家或一般棋迷來觀戰，反之，棋院爲了便利一般棋迷觀戰，特地在二樓大廳掛了大棋盤，棋迷走進大廳一眼就可看到棋枰上的雙方攻守戰況。大廳的一個角落裡，安置了一台電視機，螢光幕上播映著現場直播的棋枰上雙方落子實況；棋迷觀眾在螢光幕上看不到兩位對奕者的臉孔，但兩人手指分別夾著黑白棋子在棋枰上布陣交鋒，卻是即時在螢光幕上看得清清楚楚的。

二樓大廈是「解說場」，台上放置了大棋盤。

主辦單位爲了招徠觀戰棋迷，還特別延請了前些年聲威赫赫、目下仍擁有「十段」榮銜的坂田榮男來擔任解說。

棋賽第一天，棋迷來到現場的不多；第二天午後，人潮逐漸聚集，大多圍擠在一樓大廳的大棋盤前靜靜觀看。

傍晚上燈之後，情形就不同了，人潮熙攘，二樓大廳「解說場」已經坐滿，坂田「十段」和五、六位專業高手圍站在台上大棋盤前研究討論戰局，中盤激戰正在進行，雙方落子都不快，但也沒有費時很多的長考，從大棋盤前高手們的低聲討論中，隱約傳出林名人白棋「比較好下」的低語。

可是，包括坂田「十段」在內的高手們誰也不敢斷言誰優誰遜，「二枚腰」遇上「人間電腦」，不打到最後收官，實在說不準勝負誰屬。

夜漸深，一樓電視機螢光幕上逐漸看出雙方落子在加速，性急的棋迷，不停的在一、二樓間跑上跑下，一樓看電視，二樓聽解說，解說人坂田的情緒顯然也已受到棋枰上戰局趨緊的感染，比手畫腳地講個不停。

二樓觀戰的專家及棋迷們如此緊張萬狀，五樓「幽玄之間」賽室內對奕的兩位棋士當然更是亢奮緊張，只是，賽室內總共不過六、七個人，比樓下清靜許多，氣氛卻遠比樓下緊繃。

晚上九時五十七分，林海峰在黑白棋子密麻鋪陳的棋盤中央右下部位，按下第二二八手，石田低頭注視棋盤幾秒鐘，忽然側過頭，望著棋盤旁的棋賽紀錄員，輕聲說：「不行了。」

這是石田棄子認輸的正式表示，棋賽隨告結束。

賽室裡坐著的其他幾個人都像突然停了電的機器人似的一動都不動，倒是石田首先打破沉寂，用手中的摺扇在棋盤上指指點點自我檢討起來了。

隨即，一、二樓觀戰的人群得知棋局已結束的訊息，等不及電梯上下運轉，沿著扶梯直奔上樓，衝進了賽室。

林海峰「三連敗後四連勝」保住名人榮冠，這是他九年前二十三歲奪魁成「名」以後，在日本棋界前所未有過的「三連敗後四連勝」㉗的大逆轉勝負，在這一瞬間定局。

㉗「三連敗後四連勝」原是大棋賽中「既不可遇，更不可求」的稀有棋局，發生的機率極小。可是，林海峰在一九七三年名人賽中締造此項大逆轉勝負後十年——一九八三年，竟然又重演了一次，他挑戰本因坊趙治勳，以「三連敗後四連勝」的大逆轉贏回了他失去十二年的本因坊榮銜，也爲他那本來就極不尋常的漫長圍棋生涯，又增加了一則近乎神話的傳奇。

本棋界投下的另一枚震爆彈；其震撼力之強，較之當年一戰成「名」而雄霸棋壇的威力，有過之而無不及。

當年引起棋界震驚的是他早熟的棋藝與厚重的棋風；而今引起棋界驚異的，卻是他的定力、韌性與反彈力。

日本棋院發行的《棋道》與《圍棋俱樂部》雜誌爲他出版特刊專集，並分別邀約專業棋士及棋評專家們舉行座談會，棋界人士認爲「二枚腰」這個稱號，已不足以表達他韌性與抗壓力的強度，有人主張應該稱他「三枚腰」甚至「五枚腰」。

因九連敗、七連敗及三連敗而形成的陰霾已一掃而空了，不再有人懷疑他已盛極而衰，也不再有人擔心他將就此一蹶不振。

林海峰自己對石田的不悅情緒也淡化了，至少，他不再有先前那種「不願再看到他」、或是「更不願和他下棋」的激情心理。他發覺和石田再見面或再對奕都是不可避免的，石田還盤踞在本因坊寶座上，而奪回本因坊正是林海峰念念難忘的下一個目標。

林海峰獨鬥木谷門

棋逢敵手的時候，勝負眞是微妙難測，林海峰轟轟烈烈以「大逆轉勝利」保住的名人榮冠，第二年石田捲土重來挑戰，七局大賽，你來我往，互有勝負，又纏鬥到第七局，石田以四勝三敗戰績，把名人榮冠奪走了。

三年前已失去本因坊榮冠，於今又失去名人，曾擁有「雙冠棋士」殊榮的林海峰，成爲了所謂「無冠棋士」。

他「無冠」在野的次年——一九七五年，贏獲了新聞棋賽排行第三位的十段榮銜。卻只占據了一年，就被加藤正夫所取代。

一九七七年秋間，名人賽由《讀賣新聞》移轉歸《朝日新聞》接辦的第二年，林海峰贏得了

名人賽挑戰權，向一年前剛從石田芳夫手中奪來榮銜的大竹英雄名人挑戰，結果，挑戰成功，贏得了他的第八項名人榮冠。

但第二年（一九七八年）大竹捲土重來挑戰，又把名人榮冠奪走了。

先後從林海峰手中奪走名人、本因坊及十段榮銜的石田芳夫、大竹英雄和加藤正夫三人都是木谷門弟子；大竹和海峰同年，石田、加藤比海峰小五、六歲。日本棋界以「木谷門」青少年弟子爲主幹的新時代已醞釀成形。

本來，林海峰在一九七〇年代中期，和石田芳夫爲本因坊及名人兩大榮銜爭奪纏鬥的時候，三十一、二歲的林海峰迎戰比他小六歲的石田，內心就有了「後生可畏」的感覺。

過後不久，更讓他吃驚的是：緊跟在石田之後冒出來的可畏「後生」不只一個，和石田年紀差不多，甚至比石田還小的青少年棋士，接二連三冒了出來，活躍於新聞棋大賽的第一線上。林海峰終於發現：十年前由他領頭揭開序幕的日本棋界「英雄出少年」的時代果眞來臨了。

在棋界快速的「世代交替」當中，一個令人十分驚異的現象，就是這些快速竄起的新世代菁英，幾乎全是木谷門弟子。而且，更令人吃驚的是：這批新世代的木谷門弟子此後竟雄霸了日本棋壇三十年。

從木谷門弟子石田芳夫於一九七一年自林海峰手中奪得本因坊榮銜開始，直至二〇〇〇年木谷門弟子趙治勳被臺灣旅日棋士王立誠奪下他手中的棋聖榮銜爲止，這三十年中間，日本新聞棋幾項大賽的榮冠，包括「三冠王」的棋聖、名人、本因坊在內，完全掌握在木谷門弟子手中；木谷門下的「新世代」高手石田芳夫、大竹英雄、加藤正夫、武宮正樹、趙治勳、小林光一等，輪流占據著新聞棋賽的重大榮銜。

木谷門弟子能夠稱霸日本棋壇三十年，當然要歸功於「木谷塾」的創辦人木谷實，他的確爲日本棋界培養了不少傑出人才。

本來，日本明治維新以後，棋界傳統的「家元」制度漸次解體，及至日本棋院成立，碩果僅存的本因坊榮銜亦已獻贈給日本棋院，由日本棋院委託《每日新聞》社辦理每年一屆的本因坊賽，供日本棋院及關西棋院的專業棋士們公開競爭，棋界已不再有由專業棋士組成的類似傳統「家元」的社團。因此，所謂「木谷門」，雖然門下弟子眾多，卻只是一個私人經營的道場，與傳統的「家元」並不一樣。

道場的創辦人木谷實是日本棋界的奇才，早年和吳清源共創新布石，對棋藝的提升貢獻很大；木谷晚年致力於圍棋推廣，培育圍棋人才，遂設置道場教學，並親自到日本全國各地物色資質好而肯努力學棋的孩子，收為「內弟子」，帶到木谷道場學棋；孩子通常都是十歲上下就入門（木谷門下成就最大的弟子之一趙治勳，六歲就從韓國來到日本，投入木谷門下）；道場由於學習環境好、有專人指導、同學多，每天自行捉對廝殺，相互腦力激盪，所以進步神速，造就了不少優秀棋士。

木谷門弟子早年在棋院升段賽中表現極佳，早在一九六二年時，門下弟子段位的總和就已突破一百段；一九七〇年時，更突破兩百段；只是，在新聞棋榮冠爭奪戰中，並無突出表現，一直到一九七一年，二十二歲的石田芳夫贏獲本因坊榮銜，才給人以一鳴驚人之感；在石田之後，木谷門下的青少年棋士更是一個個奮勇殺出，眾子弟兵竟像走馬燈似的輪流霸占著新聞棋大賽的各

冠軍寶座，連續達三十年之久。

這三十年當中，名人、本因坊兩大棋賽榮銜得主，無一例外的全是由木谷門弟子大竹英雄、加藤正夫、石田芳夫、武宮正樹、趙治勳、小林光一等一夥師兄弟輪流占據；開辦較晚的棋聖戰（一九七七年開始第一屆），除了開辦後最初六屆由「大正棋士」的最後一名老將藤澤秀行堅苦守住之外，從一九八三年第七屆以後，即由木谷門弟子趙治勳、小林光一及小林覺輪流占住，直到一九九九年才被王立誠攻下；其他較次的新聞棋，如十段、天元、王座、碁聖等，十之八九也都由木谷門弟子占據了。

木谷門新世代的菁英們何以會突然顯現出如此強大的爆發力，創造了同門前輩師兄們所未能達到的輝煌戰績？

起初，棋界專家及棋評家們都不知道原因何在，經過冷靜觀察了好一陣子，大家終於不得不承認，應該是「林海峰效應」的強大衝擊力所引致的結果吧！

林海峰二十三歲一戰成「名」，破除了棋界大榮銜的「年限魔咒」，平地一聲巨雷，激發了日本青少年棋士們的雄心壯志與信心，人人奮勉自勵，盡情發揮了各自的潛力與鬥志，而木谷道場是當時青少年棋士聚集人數最多的所在，這批幼虎，受了少年林海峰一飛沖天的刺激，天天勤修苦練，操兵廝殺，一旦學成下山就把日本棋界征服了。

日本棋壇的世代交替，因著這批幼虎下山，隨即快速來臨！

在木谷門稱霸日本棋壇的三十年間，活躍於新聞棋重大棋賽第一線上的，除了木谷門下的年輕世代菁英之外，萬綠叢中一點紅，當時與這些年輕棋士奮戰不休的唯一一位「門外人」，是林海峰。

這是日本棋界稱爲「林海峰獨鬥木谷門」的時代，從一九七〇年代初到二十世紀末的三十年間。

木谷門年輕世代崛起之初，棋藝「早熟」的林海峰出道已將近十年，這原是一般高段專業棋士棋力巔峰狀態所能保持的最高年限，他此時已三十多歲，雖然尚值精壯之年，但長年棋壇征戰，嘔心絞腦的棋枰拚鬥生涯，體力與作戰韌力遭受無可避免的磨損，自難保持全盛狀態，何況

他所面對的是一群毫無心理負擔，一心只想往上衝殺的驍勇小將，輪流上陣來和他力搏，他身陷重圍，孤軍奮戰，雖然雄風未減，卻已不再如往日那般所向披靡了。

在棋枰戰鬥中成長的林海峰，始終保持著穩健的戰力與高昂的鬥志，他的棋路，向來不以靈巧著稱，隨著年歲的增長，落子變得比以往更厚重踏實；他迎戰走馬燈式的木谷門下菁英，三十年內，歷經大小棋戰一千三百餘場，沒有一場不是全力求勝；由於求勝心志的執著，他的持久力與耐力沒有絲毫衰退，他始終保持著勝多敗少的紀錄。

二枚腰到長青樹

意外跌傷・沉思圍棋人生

林海峰獨鬥木谷門，鬥得有聲有色，從三十多歲鬥到年逾半百，他對自己的體力及在棋戰中所表現的毅力及耐力都很滿意，棋界也驚訝於他鬥志及棋戰能量如此歷久不衰，棋評家們對他的稱呼已逐漸由「二枚腰」而改爲「棋壇長青樹」了。

很不幸的，在二十世紀將近尾聲的一九九七年，他有過一次跌跤受傷的意外。這次受傷，困擾了他好幾個月，甚至逼使他不得不入院接受手術治療，且被迫臥床三星期之久。

這次跌傷意外，他因「不戰敗」（棄權）認輸了一盤重要棋賽，心中十分懊惱，但臥床三星期不能動彈，卻也給了他一次難得機會，讓他對自己數十年來的棋戰生涯，切實回顧了一番，他重溫了自己所經歷的一些重要棋戰的勝負場景，更對自己的人生與圍棋的因緣做了一番冷靜思索與整理，臥床三週，雖然一事未做，到出院時，他覺得也並未白費。

事情發生在一九九七年九月間，他五十五歲的時候，在高爾夫球場浴室內滑了一跤，當時似

乎並不嚴重，沒有外傷，而且行動如常，他並未特別在意。

不料過了兩三個月，他開始發覺手腳發麻、肩膀痠痛，經過按摩、針灸、看醫生、吃藥、打針都不見效果，反而愈來愈嚴重，最後竟致手指頭完全痲痺，使不上力，連抓棋子都抓不牢了，他這才感到事態嚴重，趕緊到東京女子大學醫院就醫。

經詳細檢查，醫師發現他頸椎受傷，神經受到嚴重折損，必須盡快施行手術治療。

手術順利完成，醫師要他住院三個星期療傷，絕對安靜地躺在病床上不能動。

臥床療傷頭兩天還好，可是，兩天過後就耐不住了，身體不許動，腦神經卻安靜不下來，他想，既是如此，索性閉上眼睛，隨便想一些事情吧；可是，說也奇怪，只要定下心來「想」的時候，不管是隨便想也好，認真想也好，想起來的全是圍棋；而且，都是他自己下過的棋，三十年前、甚至更早一些的棋局，都像是昨天剛下過的一樣，整盤棋譜，依照原來的手順，黑白交替，清清楚楚地呈現在腦子裡；他這才發覺，圍棋在他一生中所占份量是如此之重，他不能沒有圍棋；圍棋是他的全部人生，要是把圍棋抽掉，他的人生將是一片空白，一無所有了。

在回想自己以往所下過的棋局之中，他發現一件很有趣的事，就是最讓他容易想起的棋局，大多是他輸掉的棋，想著想著，他會毫不放鬆地追問自己：怎麼會走出這樣一手棋而把整盤棋弄輸掉的？

他曾仔細想過，爲什麼會對幾十年前輸掉的棋如此念念不忘？想來，這可能和他從小下棋就「輸不起」的個性有關吧。他十歲就來日本，根本不知道自己個性是否適合做一名專業棋士；幸而他具有這種不服輸的本性，所以在圍棋這「勝負世界」中過得稱心快意。

輸棋的懊惱，所有專業棋士都難免，但他對輸棋卻有程度之分：一盤棋，要是他覺得自己下得不錯，結果卻輸掉了，他當然會感到懊惱；假如是因爲自己犯錯而把棋輸掉，他是可以接受的；假如原因不明而糊裡糊塗的輸了棋，他準會懊惱萬分。

他也曾想到自己對棋賽輸贏的一些理念，他非常重視終局後的覆盤檢討研究，往往從深夜熱烈研討到凌晨，對重要棋賽的變化圖反覆模擬，不眠不休的執意探究棋局的勝負關鍵所在。尤其對自己失誤而輸掉的棋，更是要追根究柢，找出失誤原因。

不過，即使千辛萬苦探究出輸棋原因之後，他倒也不會痛心疾首的記恨著，否則，在「勝負兵家常事」的圍棋世界裡，他如何能夠無怨無悔、自在自得地生活下來？在這方面，他毋寧是屬

於樂天派的，雖然，輸棋後會懊惱，但輸了也就輸了，悔恨無濟於事，船過水無痕，繼續奮力前進吧！

也許就因爲這種樂天派的根性，他對圍棋一直抱持著一份感恩的心；他認爲，幸而有圍棋，他的生活才會如此充實，他的人生才會如此美好。這種想法，盤旋在他腦海裡許多年，此次因頸椎受傷而臥床三週不能動彈，讓他有充裕時間來思考他和圍棋的關係，他深切體認到自己絕對離不開圍棋，他近乎癡迷的相信圍棋也絕不會捨棄他，因之，他更沒有理由背棄圍棋；他會高高興興地用手捏著棋子一直走下去，不會厭倦，不會勞累，更不會覺得苦。曾有人問過他：下棋苦不苦？他不假思索就答說：下棋不苦，想贏棋才苦。這是眞心話，下棋不是苦事，想贏棋才苦。……

躺在醫院病床養傷的林海峰，想著圍棋與人生這些玄妙事，他似有所悟的想著：以後，只要高高興興地下棋就好了，贏也好，輸也好，何必計較輸贏呢？盡情享受圍棋與人生的樂趣就好了。

臥病期間，他多次想到他最崇拜的吳清源老師。吳老師九十多歲了，還在孜孜不倦地領著幾名年輕弟子鑽研「二十一世紀的圍棋」，要把當年新創的「星・三三」等布局法編成辭典。他在病床上一再回味著吳老師前些時說的一句話：「我準備未來十年就專注於這項工作。」這可是一位九十歲老人的豪語呀，再幹十年，他老人家要幹到一百歲才休手！他對吳老師這種不服老的精神，佩服得五體投地，他堅定地告訴自己：一定要把老師這種不服老的精神傳承下來。

二枚腰到長青樹

隨著二十世紀的終結，木谷門的黃金時代過去了，包括棋聖、名人、本因坊三大榮銜在內的新聞棋賽各項冠軍寶座，都已先後交給了非木谷門的王立誠、王銘琬、依田紀基等後起之秀；而且，下一世代的張栩、山下敬吾、羽根直樹、高尾紳路等「四小天王」亦已漸露頭角。

木谷門的光環淡褪，「四小天王」崛起，顯示出日本棋界又已默默完成了一次新的「世代交替」。

同時，也爲長達三十年的「林海峰獨鬥木谷門」的時代劃上了句點。

林海峰獨鬥木谷門三十年的戰績，雖然不像他剛出道時那麼驚天動地般的光芒四射，但在這為他贏得「棋壇長青樹」美名的三十年中，他的戰績依然十分亮麗耀眼，試看下列的戰績紀要：

一、在日本圍棋三大賽的名人賽裡，他獨鬥木谷門的三十年內，保持了二十七年在循環圈內的在籍紀錄；其中，挑戰六次，贏得名人榮銜一次（連同他出道之初的十年戰績在內，他在名人賽循環圈的在籍紀錄總共是三十九年，其中挑戰十六次，贏得名人榮銜共八次）。

二、在三大賽中最具歷史意義的本因坊賽中，他獨鬥木谷門的三十年裡，保持在循環圈內的在籍紀錄是二十二年，其中挑戰四次，贏得本因坊榮銜兩次（連同最初十年的戰績，他在本因坊賽循環圈的在籍紀錄總共是三十三年，挑戰十一次，贏得本因坊榮銜共五次）。

三、在三大賽中獎金最高而創辦年代最晚的棋聖戰中，他在循環圈內的在籍紀錄是二十年，挑戰三次。

四、最難得的是：他在本因坊賽的在籍三十二年與棋聖戰的在籍二十年，都和他在名人賽的部分在籍年份相重疊。換句話說，在他過去四十年的棋戰生涯中，有三十二年是同時在名人、本因坊兩大賽循環圈內；更有二十年是同時在棋聖、名人、本因坊三大循環圈內。這樣輝煌的紀錄，在日本圍棋史上，不僅空前，也是短時間內很難有人能趕得上的。

五、在二十世紀最後三十年內，林海峰在日本棋界三大賽之外的其他榮銜爭奪戰中，他曾榮膺十段、王座、碁聖各一屆，更曾連贏天元榮銜五屆，贏得了「名譽天元」的終身榮銜稱號。

六、最可貴的是一九九〇年他贏得「富士通國際圍棋大賽」冠軍，跨出日本國界，成爲世界棋王。

七、時序進入二十一新世紀後，林海峰在他漫長的棋戰生涯中，又達成了一項日本棋界的新紀錄：二〇〇四年三月二十四日，在琉球舉行的第三屆「亞洲圍棋四強賽」中，他打敗了日本「四小天王」之一的新科棋聖羽根直樹；這局棋，是他入段成爲日本專業棋士以來，參與公開棋戰的第兩千局棋，也是日本棋院所屬專業棋士中第一位達到公開棋戰兩千局的棋士。這兩千局棋的總成績是一、二四七局勝，七五〇局負，一和棋，兩局無勝負。林海峰以此戰績而成爲日本圍棋史上勝局最多的專業棋士。

這幾項一時無人能趕上的紀錄，應是爲林海峰贏得「棋壇長青樹」新榮銜的主要原因吧！

挑戰棋齡上限

林海峰在新舊世紀交替，日本棋界「四小天王」時代曙光初現之際，突然重振雄風，神威大發，以五十九歲高齡，奮勇奪下了第二十六屆名人賽的挑戰權，向新名人依田紀基挑戰。

這是林海峰漫長的棋戰生涯中另一次石破天驚的大突破！

他已有好幾年沒有贏過重大棋賽的挑戰權了，與名人賽挑戰權已闊別了七年。

他五十九歲贏得名人賽挑戰權，這和二十二年前（一九九七年）坂田榮男贏得此項挑戰權時是同樣年紀。兩人同是贏得此項挑戰權的「最高齡棋士」。這個紀錄，在日本當今棋界已全面「年輕化」的場景中，除了林海峰自己尚有可能將它打破之外，很難再有像他這樣老當益壯的人了。

此次挑戰並未成功，但林海峰仍然十分高興，這已足夠向世人——也向他自己——證明他寶刀未老！

這件大喜事，對他留下了深遠影響；更堅定了他在棋枰繼續戰鬥的決心與鬥志。

本來，海峰在贏得此次挑戰權之前，情緒相當低落，自一九九七年跌傷頸椎，經過手術治療傷癒出院之後，他在棋賽中手風不順，被打出了他已連續在籍三十五年的名人賽循環圈，令他十分懊惱。

這段期間，棋界突然傳言他因年齡、體力或頸傷後遺症的影響，恐怕已無力再振雄風了。這類流言，直接間接傳入他的耳中，他甚爲不悅，卻也十分無奈，儘管他對自己的體力、棋力都有絕對信心，而且，他從來沒有過所謂「提早退休」的意念，但他這一陣子戰績不如理想確也是事實，尤其在對他具有指標意義的名人賽循環圈的入圍爭奪戰上，連續兩年被阻隔於圈外，眞也讓他有口莫辯。

終於，在二〇〇〇年底，他如願以償地打進了第二十六屆名人賽循環圈，兩年多的抑鬱隨著二十世紀的結束而消失了。

重返名人賽循環圈，澄清了他可能提早退休的流言，他已經很高興，卻未想到還有更讓他驚喜的事，就是他接著在與圈內其他八位高手進行循環戰時，十分得心應手，從二〇〇一年一月到七月的半年時間內，接連打了七場硬仗，竟然一路勢如破竹，連續打敗了「四小天王」之一的羽根直樹、木谷門下的猛將加藤正夫、趙治勳，與當時的本因坊得主王銘琬等六位一級高手，以六勝一敗的優異戰績，奪得了挑戰權。

此次挑戰並未成功，但林海峰非常興奮；這證實了他寶刀未老，也無異於公開宣示：他將繼續下棋，繼續參加棋賽，歲月不可能輕易把他擊退。

他決心挑戰日本棋界近年所信奉的所謂「年限迷思」。

當年，他出道之初，以二十三歲的青年挑戰名人榮銜，當時棋界迷信著「不可能有二十世代年輕名人出現」的魔咒，結果他挑戰成功，成爲日本棋界有史以來最年輕的名人。於今，當年領頭打破棋界「少年下限」迷思的林海峰，竟然又領頭向「棋齡上限」的迷思挑戰來了。

當今的圍棋世界中，無論日本、中國大陸或韓國，幾乎全是年輕人的天下，但林海峰始終認爲年長資深的棋士們不必因此而喪失信心或鬥志，圍棋畢竟是鬥智而非鬥力的競爭，不同於一般的體育運動，年輕力壯不一定占便宜。林海峰在他五十年漫長棋戰生涯中，累積了豐富的實戰經驗，在他「獨鬥」木谷門的那三十年內，當時活躍在第一線上的木谷門下好手們，除了大竹英雄和他同年之外，其他諸位青少年高手沒有一個不比他年輕。

他從經驗中發現：年輕人的體力及耐力可能較強，在細棋的判讀及計算方面可能比較準確，可是，在全盤大局的宏觀研讀上，經驗仍然十分重要，如果經驗不足，不管怎麼用心判讀，總是抓不到關鍵處；圍棋在內涵及本質上，原就是這麼遼闊無涯，有著無限空間的。

林海峰喜歡以棋戰來比喻自己的圍棋生涯，他認爲自己目前尚在中盤的後半階段，戰事仍在激烈進行，棋勢尚蘊涵著諸多變化，距離結局還早，尚未進入末盤收官。年前，他的徒弟張栩先後奪得本因坊及名人二大榮銜之後，他曾豪氣萬丈地說：希望有機會向張栩挑戰，必須有我們這些前輩老棋士的頑強纏鬥，他們年輕人才會不斷進步吧！

從小在棋戰中就不服輸的林海峰，絕不會因歲月的壓力而退縮，五十年來，身經兩千局以上的浴血奮戰，他更不會在中盤熱戰正殷的時候收兵罷手，即使進入末盤，他也不會輕易放棄，他會以吳清源「下棋下到一百歲」的豪語，作為他奮戰棋枰的標竿。

國際棋戰

國際棋戰風雲漸起

一向擁有「圍棋王國」稱號的日本，在二十世紀七〇年代以前，對主辦國際性的專業棋士圍棋比賽，恐怕想也沒有想過；因爲，當年日本的圍棋實力，絕對是世界第一，無論是比團體或是比個人，其他任何國家都不是日本的對手。

因此，在圍棋世界裡，日本的棋王，就是世界棋王。

這種情形，到了二十世紀七〇年代中期，由於中國大陸與韓國棋界高手的崛起，而逐漸有了變化。

日本和中國大陸在圍棋交流上，自來就保持著斷斷續續的關係，只是，由於雙方實力懸殊（日本比中國強多了），所有比賽都是非正式的「友誼」交手，不太計較輸贏，直到二十世紀七〇年代末期，中國大陸經過十來年有計畫的培訓圍棋人才之後，年輕一代的傑出棋士學成出山，逐漸扭轉了中國大陸在兩國圍棋「友誼賽」中的劣勢；及至八〇年代初期，兩國之間的業餘友誼賽已漸次進展到專業程度。一九八四年開始的年度「中日圍棋擂台賽」，中國大陸三年連勝，日本棋界震驚，「圍棋王國」的稱號受到威脅。

另一方面，韓國年輕世代棋士在國際間異軍突起，剛巧和中國大陸傑出棋士的崛起大致同時，卻更爲慓悍而讓人吃驚。

國際棋界既出現三強鼎立的局面，誰是世界圍棋「第一強者」，就不能再由日本國內的棋賽來決定了。

至此，圍棋專業棋士的國際大賽已勢在必行。

日本是圍棋世界的「先進國」，舉辦國際性大賽是日本義不容辭的事。

一九八八年，《讀賣新聞》與富士通聯合主辦的「世界選手權·富士通盃」宣布揭幕，這是第一個圍棋專業棋士的國際大賽，也是圍棋世界中一樁大事。

參加富士通盃競賽的，除了日本、中國大陸及韓國的選手之外，美洲及歐洲也有選手參加。林海峰當時在日本是「無冠」身分，但他在此前一年（一九八七）曾挑戰名人，又是三、四年前的本因坊榮銜得主，棋界公認他擁有一等高手實力，正值最佳狀態，是代表日本參加國際大賽的當然選手。

富士通盃參賽各國的選手共有二十多位，人數眾多，採單淘汰制。

林海峰一路打上來，連戰皆捷，晉級到最後決賽，對手是日本木谷門下的菁英武宮正樹，林海峰敗了，獲得亞軍。

第二屆一九八九年，情形幾乎是第一屆的重演，林海峰又是一路晉級到決賽，對手又是武宮，林海峰又是亞軍。

第三屆一九九〇年，林海峰又是一路告捷晉級到決賽，對手是在中國大陸擁有棋聖稱號的第一高手聶衛平。

大家對這場決戰極為關注，尤其在華人世界，都認為這場決戰意義非比尋常，因為，圍棋原就是中國人的老祖宗發明的，現在，果然由臺海兩岸的兩位中國棋士在爭世界棋王寶座了。

結果，林海峰勝了，成爲世界棋王。

一九八八年，和富士通盃同一年創辦的另一個國際圍棋大賽是「應氏盃世界職業圍棋錦標賽」。

創辦人是臺灣企業家應昌期。

應昌期由於個人獨資創辦這個全世界獎金最高（美金四十萬）的國際圍棋大賽，而成爲圍棋世界中極受敬重的一位傳奇人物。

原籍大陸浙江省慈谿的應昌期，早年在金融界服務，曾做過臺灣銀行副總經理，中年辭去公職自行創業，成爲一位極成功的企業家。他並不是臺灣最有錢的人，他所經營的企業也並不是臺灣最大的企業，卻因爲喜歡圍棋，更熱心於圍棋的提倡及推廣，他毫不吝嗇的在圍棋推廣上貢獻了很多的財力及心力。

他的棋力，大約業餘五段程度，但他在圍棋各項用具的製造改良，尤其是圍棋規則的修訂上，切實下過研究功夫，並自訂了一套「計點制圍棋規則」，極力要說服臺灣、日本及中國大陸等各地棋界採用。

應氏圍棋規則基本上與傳統的奕棋規則並無不同，最大的相異之處是棋局結束後計算輸贏的方式。其實，在計算方式上，日本棋院所採行的與中國大陸所採行的也不一樣，應氏的計點制和日本及中國大陸的計算方式又不同，要比較細密複雜。

應昌期向日本及中國大陸等各處棋界專家們熱心推介他的圍棋規則時，反應不很好，未獲普遍接受。

應老個性極強又十分固執，他所精心研究而制訂的「計點制圍棋規則」未獲各方接受，讓他非常失望及懊惱，但他不是一個輕易退讓或放棄的人，天性樂觀的他，不惜撥付巨款舉辦「應氏盃」圍棋國際大賽，基本動機固然在推廣圍棋，但他未嘗不熱切希望藉此項大賽而讓圍棋世界專家們試用他的計點制圍棋規則，繼而發現計點制的優點，進而樂意接受它。

「應氏盃」第一屆於一九八八年創辦，以後每四年一屆，配合國際奧林匹克運動大會同一年舉行。第一、二兩屆大會，由於當年臺海兩岸關係在緊張對峙狀態，過程中頗有波折，一九九六年第三屆以後才漸次正常化。應昌期在一九九七年因病逝世，第四、五兩屆大會都是應昌期先生

的公子應明皓秉承父志繼續主辦的。

林海峰對應昌期所制訂的「圍棋規則」並不十分贊同，認爲有些地方太過繁瑣複雜。他曾向應老先生表達過他的意見，兩人並曾爭辯過，但應老堅持己見，並在「應氏盃」比賽中，全面採行應氏所訂規則。

林海峰當時毫未想到他後來在比賽中竟因「應氏規則」而吃了一次大虧。

那是一九九六年第三屆大會，林海峰連戰皆捷，已晉級到準決賽，對手是韓國的劉昌赫；戰局結束時，林海峰在盤面上贏半目，應該晉級到決賽爭奪冠軍，可是，應氏規則的計時方式和日本棋院的計時法不一樣，以致林海峰反而被「判」爲輸一目半，痛失了爭奪冠軍的機會。

應昌期「規則」的計時法，是採「扣分法」：棋士用時如超過規定時限，則在棋局結束計算輸贏時，超時三十分鐘以內者，罰扣兩目；超時更多者，則以每三十分鐘爲一單位罰扣。這和日本棋院所採行的計時方法大不相同。日本棋院准許棋士享有「永遠的最後一分鐘」，即棋士用時到最後一分鐘時，只要在這一分鐘內落子則不予計時，因此，最後一分鐘是「永遠用不完的」。

林海峰對劉昌赫的這局棋，奕至終局最後一目時，雙方「打劫」爭半目，「打劫」落子不需要考慮，按日本方式是不計時的，海峰最後盤面上贏半目，卻因「打劫」手數多而逾時，被「罰扣」兩目，海峰竟被判爲「輸一目半」了。

林海峰因逾時被罰而輸掉決賽權，就已經讓他懊惱不已了，而更讓他嘔氣的，是本來輸他半目的劉昌赫後來在決賽中獲勝而成爲「應氏盃」第三屆冠軍，林海峰不禁心想：被罰扣兩目，也許就把他應該得的一個「應氏盃」冠軍罰掉了！

這是海峰輸得最心痛而又最不甘心的一盤棋。

重返中國故土

「應氏盃」國際圍棋大賽的舉辦，是圍棋世界中轟動一時的大事，影響極爲廣泛深遠，除了在圍棋推廣上衍生莫大的積極作用外，另一個正面的附加效益，是促進了臺海兩岸的文化與人事交流。

林海峰對「應氏盃」感念最深的，是因「應氏盃」的舉辦，讓他有機會重返他孩童時代就離開了四十年的中國故土。

「應氏盃」第一屆於一九八八年開辦，主辦人應昌期爲了爭取北京方面支持「應氏盃」的舉辦，決定第一屆的開幕儀式及比賽在北京舉行。

林海峰是主辦單位提名推薦參賽的二十四位圍棋高手之一，這讓林海峰有了去中國大陸的機會。

林海峰四歲就由父母帶著逃離上海，來抵臺灣，十歲從臺灣到日本學棋，隨後在日本成家立業，他不懂政治，也從不過問政治，對中國大陸所知不多，只知道中共統治下的大陸，並不是隨意就可以去的。

因此，當一九八八年林海峰第一次去北京，飛機將要降落時，他心裡頗有忐忑不安的感覺。可是，班機著陸之後，他發現中國棋院院長陳祖德等好些人在機場歡迎他，大家隨即用上海話、北京話暢所欲言的歡談起來，他內心的緊張感馬上消除了。

第二年（一九八九年），林海峰更得到機會回到他出生地的上海。

這次得助於臺灣另一位醉心於圍棋的企業家——中環公司董事長翁明顯的「玉成」。翁董事長爲了促進臺海兩岸圍棋活動交流，發起兩岸棋士在上海等地舉行友誼賽，林海峰以臺灣代表身分，得以重返他睽別已四十三年的出生地上海。

圍棋在上海顯然非常流行，棋迷眞不少，最讓林海峰印象深刻的，是棋賽場裡那個像劇院大廳一樣廣闊寬大的解說會場，竟人山人海擠滿了棋迷，都是花錢購買高價入場券才准進場的。

林海峰在上海初次見到了他同父異母的幾位兄弟，由他們帶領著在市區觀光。他們找到了海峰出生的老住宅，裡面住了一些不相干的人家；住處四周的環境還是老樣子，海峰甚至進去看過他出生的那個房間，他已經毫無印象了，可是，重臨出生的故居，數十年人事滄桑，卻也引發了心頭一陣莫名傷感。

上海市容近年來在整個改頭換面，高樓大廈林立，新建的高速道路四通八達。年前，林海峰因擔任日本《經濟新聞》主辦的「王座戰」五十週年紀念棋賽的棋證，重遊上海，他發現他出生處的那些住屋，因爲修築高速道路的關係，已經拆除了，幸好他那年初次重返上海時曾去看過一眼，現在再也見不到了。

在國際棋賽逐漸蓬勃興起之際，林海峰成爲國際賽場上一直活躍於第一線的日本棋院所屬棋士之一。

由於他在日本新聞棋賽「天元戰」中有過五連霸的紀錄，這不僅讓他在日本享有「名譽天元」的稱號，也讓他獲得了參加「中日天元戰」的權利。

日本的「天元戰」，是由「中日新聞社」等三家報社所合辦；中國大陸也有「天元戰」棋賽，是由《新民晚報》主辦的。由於兩賽同名，遂有人發起兩賽榮銜得主在獲得榮冠的翌年，舉行三盤兩勝的比賽以資觀摩棋技。

「中日天元戰」於一九八八年開辦。由日、中兩國交互主辦；中國大陸方面大多在南京、上海等不同的地方舉行。

參加「中日天元戰」，可以順便遊覽一些未去過地方，和不同的對手賽棋，又是別有一番滋味，這是海峰很喜歡的棋賽之一。

最初的兩年（一九八八及一九八九年），日本天元得主是趙治勳九段，兩年的「中日天元戰」都是趙治勳獲勝：接著是林海峰榮膺日本天元，代表日本參加「中日天元戰」，一九九〇年贏了中國大陸方面的劉小光，一九九一年贏了中國大陸的聶衛平。連同最初趙治勳的兩年連勝，連續四年都是日本方面獲勝，日本覺得很風光。

可是，隨後就不行了，日本方面仍是林海峰代表出戰，一九九二年敗給聶衛平，九三年敗給劉小光，九四年敗給馬曉春。此後，林海峰失去日本天元榮銜，另由柳時熏六段與工藤紀夫九段

及小林光一九段相繼代表日本出戰，直到一九九九年爲止，日本接連八年吃敗仗，中國大陸棋界的新興力量抬頭。

從林海峰連敗三年開始，日本接連敗了八年，日本棋友們責怪林海峰把霉運帶進了日本陣營，戲稱林海峰爲「中日天元戰」的「霉星」，林海峰也莫可奈何！

在中國大陸棋界實力迅速轉強的同時，韓國年輕強力好手也相繼出現。

本來，中、韓兩國棋士在國際棋賽場合都是以打敗日本棋士爲目標，日本當然也已感受到來自中、韓方面的強大壓力。

談到韓國當年年輕世代的新銳棋士，最讓林海峰難忘的是李昌鎬。

兩人第一次交手是一九九二年韓國主辦的「東洋證券盃世界選手權戰」，李昌鎬十七歲，在韓國已很有名氣，在國際棋戰場合卻是初出茅廬。

他綽號「鐵面人」，對局態度確也是冷靜無比。五局勝負的棋賽，第三局賽完，林海峰二勝一敗，居於絕對有利地位，但對手李少年完全無動於衷，依然冷靜如常。第四、五兩局，林海峰自己覺得下得不錯，過程中有過贏棋機會，可惜未善加把握，結果兩局都輸了。

李昌鎬的棋，穩健嚴密，不會讓對手有可趁之機，中國大陸棋手馬曉春評論李昌鎬的棋，曾說：「那不是十七歲少年下的棋，是七十歲老人下的棋（不是生龍活虎，而是老僧入定）。」

名師出高徒

與業餘棋士的互動

在日本，作爲一位專業棋士，他與業餘圍棋愛好者之間保持經常的交流與互動，幾乎是無可避免的，也可以說是必需的。業餘圍棋愛好者在自己棋藝達到一定程度之後，莫不希望能與自己心儀或崇拜的專業棋士交遊，得到當面指導；對專業棋士來說，這也未嘗不有助於個人的交友聯誼，甚至有助於整個圍棋活動的推廣，意義是十分正面的。

林海峰在圍棋方面天分高，成名早，幼年時活潑淘氣，討人喜愛，成年後變得穩重沉靜，待人隨和，一直就是一位非常有「棋迷緣」的專業棋士。因此，海峰除了忙於日本棋院舉辦的各項正式棋戰之外，與棋迷們的指導交流活動也相當忙碌。

「清峰會」是多年前由吳清源、林海峰師徒的棋迷所組成的業餘棋會；顧名思義，是從他們師徒兩人的名字中各取一字作爲會名。

棋會組成時，林海峰只二十歲，專業七段，雖然在新聞棋賽中尚未嶄露頭角，但在「大手合」升段賽中卻是戰績十分耀眼，咄咄逼人的一名少年虎將。崇拜吳清源的棋迷，愛屋及烏，對吳清源的這位高徒，自然也是萬分心儀，「清峰會」就這麼順理成章組成了。

最初，是由富士通的池田雄敏（其後出任專務）和光邦印刷會社的前田隆治聯名發起，經東洋墨水製造公司社長永島豐江次郎出面號召，就在東京都京橋永島社長的公司內一間雅室作爲會址；這三位企業界領袖加上自始即實際負責推動會務的三嶇將先生，就算是「清峰會」的開創元老及最大功臣了。

成會以來，維持了將近四十年，直到一九九〇年代中期解散爲止，每週聚會一次，從未間斷。會員約五、六十人，經常出席的有二十多人，除了每週聚會「手談」外，也曾去箱根等名勝地區旅遊，並下棋。

每月的四次聚會，吳清源和林海峰固定各出席指導一次，另兩次則聘請其他專業棋士出席指導，小林光一九段、安倍吉輝九段及韓國的曹薰鉉九段等，都經常應邀出席。

應邀出席指導的專業棋士中間，韓國籍的曹薰鉉似乎不很受會員歡迎。曹九段和業餘會員下棋非常嚴厲，通常，在教學性質的「多局指導棋」中，導師不必十分計較輸贏，可是曹薰鉉毫不留情面的狠手大開殺界，把對手一一趕盡殺絕，弄得大家都不開心。

兩相比較之下，林海峰是隨和多了，和業餘對手奕棋，他不會不肯認輸的硬拗求勝，但也不會故意輸棋以討好對方，只是順其自然地走下去就是了。

一九六五年林海峰第一次贏獲名人榮銜時，經由一家雜誌社的企畫，由新名人與十多位財經企業界聞人及著名作家等分別下三子或五子棋，結果，新名人幾乎大獲全勝；偶或輸了一兩局，贏棋的業餘對手就設盛宴款待大家。林海峰談及這段往事時，總是強調表白他的基本理念：「我當然知道業餘棋迷贏了專業棋士會高興萬分，可是，要我故意放水輸棋去討好他們，我是不會幹的。」

和「清峰會」大致相似的另一個業餘棋會是「吳林會」，這也是以吳清源和林海峰的棋迷爲主而組成的，主持人是東京著名的中國餐館「留園」的老闆盛毓度（滿清名宦盛宣懷的孫子），每次聚會，都是一面下棋，一面享受中華佳餚。一九七七年，這個棋會曾舉辦以年輕專業棋士爲

對象的「留園盃」圍棋賽，辦了十年，因主辦人移居回中國大陸而停辦了，棋會也隨而解散。

林海峰在日本的另一幫業餘棋迷是學生群。

這方面的關係，導源於林海峰早年寄居京都藤田梧郎家中做「內弟子」的時期。藤田老人和學生圍棋活動淵源甚深，早年曾創辦「全日本學生圍棋連盟」，推廣學生圍棋活動，由於既缺經費，又缺人手，推展活動極爲辛苦。藤田老人擔任連盟副會長多年，費盡九牛二虎之力，才算把學生棋戰弄出一點規模。

林海峰和京都大學名教授高坂正堯先生交誼很深，高坂在京大唸書時兩人就相識，常在一起奕棋。高坂教授是一位大棋迷，時常忙裡偷閒來參加京大圍棋部的「校友會」。

高坂教授的弟弟高坂節三也是京大圍棋部出身，現在是學生圍棋連盟的副會長，由於高坂兄弟的懇邀，林海峰也擔任了七年的副會長，他這位副會長的唯一職責，是和學生圍棋大會比賽的男女學生優勝者對奕指導棋，作爲獎勵，林海峰覺得能對學生圍棋推廣盡一份心力，當然也樂意爲之。

三年前，林海峰和另一位擔任副會長已多年的中央大學名譽教授所雄章先生同時辭卸了副會長職務，他們曾相偕向連盟會長松田昌士先生表示，儘管他們已辭卸了副會長職務，但對推廣學生圍棋活動的初衷卻一如既往，一定會繼續努力。果然，在他辭職後一兩年，就有了國際學生圍棋比賽的舉行，日本《經濟新聞》社主辦的「國際學生圍棋王座戰」開賽了，讓林海峰感到十分欣慰。

張栩入門——名師出高徒

「名師出高徒」這句話，在林海峰身上，至少得到兩次印證：一次是二十世紀六〇年代，吳清源調教出一位林海峰；另一次是四十多年後，林海峰調教出一位張栩。

張栩是林海峰的「內弟子」。

所謂「內弟子」，與一般「私淑某某人」或「心儀某某人」而尊之爲師的情形不一樣，「內弟子」是繼承師門「衣缽」的弟子，與承繼師門「香火」的師父親生兒女幾乎是等量齊觀的。通常，無論何行何業，大師級的人物都不輕易收「內弟子」，主要原因是可以承繼自己衣缽的好徒弟不易得。吳清源當年在日本棋壇橫掃千軍，「私淑」於他的弟子何止千萬，但他硬是不肯開門收徒，原因無他，就是他不相信有人可以承繼他衣缽的緣故㉘。

㉘ 吳清源自視非常高，一次，林海峰曾問吳老師：老師十五、六歲來日本，一住六、七十年，在日本學棋、

國內棋界傳說：當年，林海峰十歲，和吳清源在臺北市中山堂下了一盤讓六子棋，結果海峰輸了一目，卻贏得了吳清源對他刮目相看，馬上表示要收海峰爲徒，把海峰帶去了日本云云。

這個傳說與事實頗有出入。吳清源當年並沒有收徒弟的意思，而且，林海峰也不是吳清源帶去日本的；海峰當時經由國內幾位喜愛圍棋的政界大老幫忙，去到日本，先在日本棋院做院生，吳清源就近對林海峰觀察了幾乎三年，才認定孺子可教而同意收徒。

海峰入師門之後，經過多年苦修奮戰，終於先後榮膺名人、本因坊、十段、天元等等榮銜，並晉升爲世界棋王，承繼了吳老師衣缽，爲師門爭光。

吳清源只收了這麼一位徒弟㉙，就找到了衣缽傳人，這是最讓吳老師欣慰的事。

林海峰收徒弟也非常謹慎，嚴格講來，至今也只有張栩和另兩位臺灣出身的林子淵及林漢傑等三人。

（續）賽棋，請問老師的棋藝來日本這幾十年，進步了多少？吳清源沉吟了一陣，心裡大概仔細盤算了一番，答說：「進步半個子！」可見此老的自信與自傲。

㉙ 吳老師多年後又收了大陸職業棋士出身的芮迺偉九段作爲他晚年研究「二十一世紀圍棋」的助手。

張栩二〇〇三年以二十三歲年紀榮膺本因坊，二〇〇四年衛冕成功連任，同年又榮膺第二十九屆名人，成爲日本圍棋史上繼坂田、林海峰、趙治勳之後的第四位「雙冠棋王」。如此亮麗的戰績，不愧爲林海峰的衣缽傳人了。

更難得的是：張栩榮膺「雙冠棋王」，在日本圍棋史上，又締造了一項新紀錄：他和師父林海峰成爲日本棋院創辦新聞棋賽以來，師徒棋士先後榮膺「雙冠棋王」的。

名師出高徒，這句話聽起來順理成章，似乎並不難遇上；其實，也需要許多主客觀條件的配合，方能成就這樣一樁美事。

張栩（或張栩父母）選定林海峰做師父，這不足爲奇，這些年來，不知有多少圍棋方面的天才兒童想要拜入林海峰門下，但林海峰能「看中」張栩而同意收爲內弟子，卻眞需要一些特殊「緣分」。

一九八〇年出生的張栩，從小就展露了他在圍棋上的天分。林海峰也很早就聽說臺灣有這麼一位天才兒童。張栩六、七歲的時候，林海峰在臺灣和他下過一盤讓五子的指導棋。張栩下棋時，在座位上穩坐如山的模樣引起海峰的注意。通常，像這樣的稚齡兒童下棋時是不耐久坐不動的，但張栩在棋盤前卻能安安定定地坐著，多久都一動不動。林海峰很欣賞這孩子的這份定力。

張栩九歲的時候，他的父母和當時十一歲的林子淵父母一起帶著孩子懇求林海峰收徒，林海峰同意後，張栩和林子淵從臺灣來到日本，完全按照日本棋界「內弟子」的傳統，住進了林海峰家中。

收「內弟子」，對於做師父的人來說，是很大很大的「擔當」，除了教棋之外，還要管吃管住管教，林海峰收下張栩、林子淵，一切免費不說，他在東京市區代代木的住宅，獨門獨院的平房，自己一家人住是足夠了，但他們夫婦加上兩女一男三個孩子，屋裡再沒有多餘的空間，他特地在前院中增建了一間小屋，供兩個內弟子住。

家裡突然增加了兩個和他們自己孩子年齡相近的男孩，在日常生活的照料上，「師母」來弟的「擔當」可就增加了不少。張栩身體瘦弱，食量小，來弟為了增強他的體力，特別注重他的飲食及調養。張栩院生時到大阪參加入段比賽，師母來弟不放心他單獨前往，帶著他到大阪，找妥旅社安頓好，張栩又嫌旅社太嘈雜，不能入睡，再換旅館。來弟一直把他當作小兒子看待。

教棋本應是海峰的事，但海峰總是自謙說他和兩位弟子很少下指導棋，弟子入門時已經有相當基礎，不需要再從基礎上著力，進步最快的途徑是實戰，再從實戰後的覆盤檢討中去體會得失。海峰爲內弟子提供了學棋賽棋的環境，並安排高手們和內弟子下指導棋。當時，來自中國大陸的兩位最強的女性專業棋士——芮廼偉九段及張璇七段適巧都在日本[30]。這兩位女性高手當年和張栩、林子淵下的指導棋最多，開始讓二子，後讓先，兩個孩子被逼攻得很慘，不得不咬牙苦拚，這樣才會進步。

張栩在院生時代，一度遭遇瓶頸，曾強烈表示要放棄圍棋，後來忽又回心轉意，繼續用功。入段以後，自己設計詰棋，非常有心得，而且突然開竅，棋力大爲增強，迅速升段，二〇〇〇年榮膺本因坊、二〇〇四年榮膺名人。

曾有人向林海峰探詢張栩棋力近年來突然變強的原因，林海峰誠摯地答說他眞不知道；他推想，也許與他在家中常設的一個定期圍棋研討會，大家經常互相切磋琢磨而互有進步不無關係吧！

---

[30] 芮廼偉現在和夫婿江鑄久九段僑居韓國；張璇七段現在大陸，是常昊九段的夫人。

林海峰家裡的棋會，原則上每月聚會兩次，參加的有專業棋士十五人及高段業餘棋士二十餘人，聚會時，各自找對手，下快棋，終局後再互相評論研究。

以往，林海峰家有常設的每月一兩次的圍棋研究會。臺灣出身的王立誠、王銘琬等早年都經常參加。現任日本棋院理事長工藤紀夫九段，早年是林海峰的遊伴，多年來一直是林府棋會的常客。有時，吳清源先生也會親臨指導。

林海峰認為他在家中經常舉行棋會，不僅為好友或學生們提供了棋賽場地，他自己也獲益良多，由於經常受到這些實戰的刺激，使他這些年來一直保持著高昂鬥志。

門弟子張栩近兩年來表現突出，海峰當然高興；同時，張栩每次贏得榮銜，海峰都認為對他自己也是一次激勵；他一面反覆叮嚀張栩要加倍努力進行衛冕戰，並根據自己的經驗一再提醒張栩：衛冕往往要比挑戰吃力，必須沉著應戰；同時，他也砥礪自己，保持高昂鬥志要向榮銜持有人——那怕是他自己的門弟子挑戰；他認為年輕一代雖然出頭了；但是，在棋枰上必須要有上一世代不肯認輸的伏櫪老驥們在後面緊追進逼，新世代菁英才不敢自滿，才會不斷進步呀！

棋枰上兒女情長

海峰、來弟夫婦有一男兩女三個孩子；兒子敏浩最長，已屆三十而立之年；大女兒芳美，比哥哥小三歲，次女浩美，比姊姊小一歲，三個孩子都已成年，都已成家。

三個孩子幼年時都曾學過圍棋。

最初，由海峰自己爲孩子啓蒙，漸進之後，由於海峰要求太高，唯恐對孩子逼得太緊會引起他們反感，海峰遂將兄妹三人送到岩田一先生（專業八段）所主持的「兒童圍棋教室」去通學。隨後，兩個女孩轉到業餘強手菊池康所開設的「綠星學園」去繼續學習了兩三年；後來又到日本棋院在千葉縣幕張開設的院生道場去學習了三、四年。

三個孩子都沒有做專業棋士的意願。海峰內心原想總該有一個孩子繼承衣缽吧，可是，事與願違，海峰不便強迫，只好尊重孩子們的選擇。

現在，敏浩有業餘六段的實力，芳美、浩美稍遜於哥哥，約有業餘五段程度。兄妹三人雖然都無意做專業棋士，但是，所從事的工作卻都與圍棋有關。

長男敏浩曾奉海峰之命到臺灣，在臺灣企業家林文伯所經營的半導體公司工作，每星期一次到臺北「海峰基金會」指導兒童棋友下棋。

長女芳美現在日本NHK衛星第二頻道每週六午間廣播節目「圍棋．將棋評論」擔任主持人，極獲好評。

當初NHK託人到海峰家洽邀芳美擔任主持人時，海峰家人親友都擔心芳美不能勝任而不敢答應，但NHK方面力邀一試。開始擔任教育電視台週日午間「圍棋講座」主持人，表現傑出，現在甚至連重大棋賽榮銜爭奪戰的實況轉播都承擔下來了，偶或還會被借重去主持全國有線電視的圍棋、將棋節目。

海峰愛女心切，起初一直不敢收看芳美主持的節目。一次，海峰應邀擔任此節目棋賽的解說人，父女兩人同台演出，海峰覺得多少有點不自在，但芳美卻是從容鎮靜，表現十分稱職得體。

小女兒浩美在學生時代就曾上過NHK等電視台的圍棋節目，她原本在一家與圍棋無關的公司上班，後來看到姊姊在電視主持圍棋節目受棋迷歡迎，她不覺技癢，遂轉到電視台去擔任圍棋方面的工作了。

海峰夫婦都能說流利的中國話，三個孩子中學是唸東京中華學校，升大學後就沒有練習中國話的機會了，加以生活環境都以日本語文爲主，因此，起初三個孩子的中國話都不行。以後，海峰夫婦帶孩子們到臺灣參加棋會，孩子們語言不通暢，覺得很不方便。三個孩子大學畢業後，都說要到中國大陸去留學，學中國話，海峰尊重孩子自主性，同意他們去了。結果，兒子敏浩去西安，兩個女孩去北京，都去了一年。回日本後，中國話都說得不錯，孩子們都很高興。後來，敏浩和芳美兄妹都在臺灣遇到了理想對象，先後完成了終身大事，他們辛苦學會的中國話，眞派上用場了。

回饋與感恩

「臺灣圍棋能有今天這樣的發展，林海峰是一位大功臣。」這個說法，除了林海峰本人謙虛不肯承認之外，應該不會有人持異議。自謙的林海峰，每遇有人談及這個話題時，總是懇切辭謝，謙稱對於臺灣的圍棋發展，無論出錢出力，他都比不上前輩大老如周至柔、陳雪屏、應昌期等諸位先生，也不能和當前熱心推廣圍棋的企業家如翁明顯、林文伯等人相提並論；他個人在圍棋方面的成就，是受惠於前輩大老們的提攜栽培，對臺灣圍棋發展，他竭力回饋尚感力有未逮，那裡談得上大有貢獻呢？

其實，圍棋發展，單單是有人出錢出力是不夠的，必須要有多方面條件的配合。林海峰對臺灣圍棋發展的最大貢獻，就是以他自己在日本努力奮鬥成功的實例，為臺灣青少年們提供了一個奮發努力以求上進的標竿。

他在日本的赫赫戰績，助長了臺灣青少年們對圍棋的興趣及憧憬，以他爲偶像的青少年們，自動自發地用功學圍棋，臺灣的圍棋人口逐年激增，天分高而有意做職業棋士的王立誠、王銘琬及當前風頭最健的張栩等，到日本後都曾得到他的指導照顧，個個成就不凡，都能爲臺灣爭氣。林海峰率領的「臺灣軍團」，在日本棋界已打出了一片天，他們已完全融入日本圍棋專業體制之中，但遇上圍棋專業國際大賽場合，他們又都成爲臺灣代表隊的主力。臺灣今天能列名於亞洲圍棋「四強」之中，毋庸諱言，靠的就是林海峰所率領的這支「臺灣軍團」。

林海峰對臺灣圍棋發展所提供的這些貢獻，是無人可以比擬，更是無人可以取代的。

林海峰早已發現臺灣在全面發展圍棋專業體制方面的條件尚不夠成熟，因此，數十年來，他一直在協助臺灣培養圍棋發展的基層力量。早些年，爲了提高臺灣青少年及業餘棋士的奕棋興趣及技術水準，他極力推動日本與臺灣之間的圍棋交流活動。臺北《聯合報》與《日本產經新聞》聯合舉辦的「中日圍棋友誼賽」，林海峰憑著他在日本棋界的聲望及公私人際關係，每年都在日本籌組一個上百人的大型代表團來臺參賽，團員中，專業棋士及業餘棋友均有，濟濟一堂，極一時之盛，對臺灣圍棋普及化大有助益。

幼年在臺灣即有「圍棋神童」之稱的林海峰，在日本揚威成名之後，對臺灣兒童圍棋教育的推動不遺餘力。十數年前，林海峰和臺北市兒童圍棋教育協會發起主辦「海峰盃全國兒童圍棋賽」，在林大國手盛名號召之下，參賽兒童非常踴躍，而且一年比一年增多，林海峰每年都特地從日本趕回來給大家加油打氣並頒獎，極為轟動。二〇〇五年的第十四屆海峰盃兒童圍棋賽，參賽兒童達千人以上，連同到場陪伴的家長、親友及各方關係人等，賽場內擠了三、四千人，是世界少見的賽棋盛況。

臺灣所有的圍棋社團或基金會之中，和海峰關係最密切的是設於臺北的「財團法人海峰文教基金會」。

發起成立「海峰文教基金會」的主要人物，並不是林海峰本人，而是臺灣企業家林文伯。

林文伯是臺灣一位從職業棋士轉行到電子工業而經營極為成功的企業家。早在一九七七年，《臺灣新生報》舉辦國內第一個職業新聞棋賽——名人賽，當時二十六歲的林文伯參賽，得了冠軍，成為臺灣第一屆圍棋名人，獲得獎金新臺幣十萬元。畢業於國內交通大學電子物理系的林文

伯，得獎後大爲振奮，決心回到自己所學的電子科技本行，遂以名人賽獎金十萬元，加上以前幾年在國內各項大小棋賽所獲得的獎金[31]，總共約有新臺幣二十萬元，從事半導體研發製造工業。由於經營得法，轉行創業非常順利，二十年後，成爲臺灣少壯級的一位成功企業家。

林文伯事業成功後飲水思源，決意捐撥一筆資金成立基金會，推動臺灣圍棋發展。林文伯想起自己早年之所以醉心圍棋，主要是受了林海峰在日本棋界的輝煌戰績的啓發及鼓勵，而且，林海峰二十三歲贏得日本名人榮冠，而林文伯創業資金來源適巧是臺灣圍棋第一屆名人獎金，兩人都與圍棋名人有緣，因此，林文伯有意借重林海峰的盛名爲基金會命名，並敦請林海峰擔任基金會董事長。

林海峰深爲林文伯回饋圍棋活動的誠意所感動，並對林文伯籌設基金會以推動業餘圍棋活動的熱忱極表讚許，於是，在林文伯再三懇邀之下，勉強同意擔任基金會首任理事長[32]。

---

[31] 他十五歲時就曾得過當時《中央日報》主辦的青少年圍棋賽冠軍。

[32] 基金會成立後，積極展開工作，活動繁忙，林海峰因常年居住日本，棋賽忙碌，不克經常返臺，一再請辭董事長職務，後經董事會同意，改任榮譽董事長，由林文伯繼任董事長。

海峰文教基金會於一九九八年一月正式成立，當時，國內的職業圍棋活動已漸次展開，應昌期主辦的「應氏盃」世界圍棋職業冠軍賽已經辦到第三屆，臺灣棋院也已宣告成立，海峰基金會遵循原訂的「發揚圍棋文化、提倡正當娛樂、促進社會和諧」的宗旨，積極展開不同階層的業餘圍棋社會活動。

數年以來，基金會所辦的重要公開棋賽，如「全國大專學生圍棋公開賽」、「全國女子（業餘）圍棋公開賽」，以及專爲銀髮族舉辦的「全國長者圍棋公開賽」等，都極爲社會各階層人士歡迎，獲得積極回響。

海峰對基金會的各項活動非常關心，他每年總有一兩次利用日本方面賽棋的空檔，攜同家人來臺灣參與基金會舉辦的公開棋賽或其他活動；他的兒子、女兒都是擁有日本業餘圍棋段位的好手，每次來臺，都受到臺灣棋友們的熱烈歡迎。

海峰以基金會既冠上了他的名號，他應該爲基金會做一點事情，他自己既無法長住臺灣，就讓兒子敏浩到臺灣來幫忙照應基金會的工作吧。林文伯知道海峰的心願後，遂特地聘敏浩到他所經營的半導體公司臺中廠服務。擁有日本業餘圍棋六段實力的敏浩，每週一兩次順便到基金會幫忙兒童棋友學棋。敏浩經基金會同仁介紹，認識了臺灣女孩楊雅婷，交往一段期間後，墜入情網，論及婚嫁，於二〇〇四年十月在臺北結婚，林海峰夫婦曾專程來臺主持婚禮。

海峰的長女芳美，也因爲常隨父母來臺參加圍棋活動而傳出喜訊，而且，更巧的是贏獲芳美芳心的是基金會創辦人林文伯的兒子林依弘。一對璧人於二〇〇五年十月在臺北結婚，海峰夫婦也高高興興的專程來臺辦喜事。

林海峰和林文伯這一對因圍棋結緣的好友，成爲了兒女親家；兒子、女兒的婚事也都因圍棋而在臺灣結緣，情深緣厚，林海峰所感受的喜悅是不言而喻的。

林海峰對圍棋一向抱持著感恩的心，他認爲圍棋所賜予他的恩典太多了；無上的恩典，不僅他所身受，而且延伸到下一代兒女，這更印證了他的誓言：「圍棋是我的全部人生，如果把圍棋抽掉，我的人生將是一片空白，一無所有了！」

從叛逆少年到名人本因坊：林海峰圍棋之路

2006年10月初版　定價：新臺幣300元

著　者　黃天才
發行人　林載爵

出版者　聯經出版事業股份有限公司
台北市忠孝東路四段555號
編輯部地址：台北市忠孝東路四段561號4樓
叢書主編電話：(02)27634300轉5049
台北發行所地址：台北縣汐止市大同路一段367號
電話：(02)26418661
台北忠孝門市地址：台北市忠孝東路四段561號1-2樓
電話：(02)27683708
台北新生門市地址：台北市新生南路三段94號
電話：(02)23620308
台中門市地址：台中市健行路321號
台中分公司電話：(04)22312023
高雄門市地址：高雄市成功一路363號
電話：(07)2412802
郵政劃撥帳戶第0100559-3號
郵撥電話：26418662
印刷者　世和印製企業有限公司

叢書主編　簡美玉
校　對　陳龍貴
　　　　崔小茹
封面設計　蔡婕岑

行政院新聞局出版事業登記證局版臺業字第0130號

本書如有缺頁，破損，倒裝請寄回發行所更換。
聯經網址：www.linkingbooks.com.tw
電子信箱：linking@udngroup.com

ISBN　13：978-957-08-3052-1（精裝）
ISBN　10：957-08-3052-2（精裝）

國家圖書館出版品預行編目資料

從叛逆少年到名人本因坊：林海峰圍棋之路/ 黃天才著．初版．臺北市：聯經．2006年（民95）；312面；14.8×21公分．

ISBN 978-957-08-3052-1（精裝）

1.林海峰-傳記 2.圍棋

782.886 95015634

聯經出版公司信用卡訂購單

信用卡別：　□VISA CARD □MASTER CARD □聯合信用卡
訂購人姓名：＿＿＿＿＿＿＿＿＿＿＿＿＿＿＿＿
訂購日期：＿＿＿＿年＿＿＿＿月＿＿＿＿日
信用卡號：＿＿＿＿ ＿＿＿＿ ＿＿＿＿ ＿＿＿＿
信用卡簽名：＿＿＿＿＿＿＿＿(與信用卡上簽名同)
信用卡有效期限：＿＿＿＿年＿＿＿＿月止
聯絡電話：日(O)＿＿＿＿＿＿夜(H)＿＿＿＿＿＿
聯絡地址：□ □□＿＿＿＿＿＿＿＿＿＿＿＿＿＿
訂購金額：新台幣＿＿＿＿＿＿＿＿＿＿＿＿元整
（訂購金額 500 元以下，請加付掛號郵資 50 元）

發票：□二聯式　　□三聯式
發票抬頭：＿＿＿＿＿＿＿＿＿＿＿＿＿＿＿＿
統一編號：＿＿＿＿＿＿＿＿＿＿＿＿＿＿＿＿
發票地址：＿＿＿＿＿＿＿＿＿＿＿＿＿＿＿＿
如收件人或收件地址不同時，請填：
收件人姓名：＿＿＿＿＿＿＿＿＿＿□先生 □小姐
聯絡電話：日(O)＿＿＿＿＿＿夜(H)＿＿＿＿＿＿
收貨地址：＿＿＿＿＿＿＿＿＿＿＿＿＿＿＿＿

・茲訂購下列書種・帳款由本人信用卡帳戶支付・

書名	數量	單價	合計
		總計	

訂購辦法填妥後

直接傳真 FAX：(02)8692-1268 或(02)2648-7859

洽詢專線：(02)26418662 或(02)26422629 轉 241

網上訂購，請上聯經網站：www.linkingbooks.com.tw